国有资本授权经营
与国有企业融资行为

姜艳峰　梁上坤◎著

中国商务出版社
·北京·

图书在版编目（CIP）数据

国有资本授权经营与国有企业融资行为 / 姜艳峰，
梁上坤著. -- 北京 : 中国商务出版社，2025. -- ISBN
978-7-5103-5575-2

Ⅰ. F123.7；F279.21

中国国家版本馆CIP数据核字第20257S65Q6号

国有资本授权经营与国有企业融资行为

GUOYOU ZIBEN SHOUQUAN JINGYING YU GUOYOU QIYE RONGZI XINGWEI

姜艳峰　梁上坤　著

出版发行：中国商务出版社有限公司

地　　址：北京市东城区安定门外大街东后巷 28 号　　邮编：100710

网　　址：http://www.cctpress.com

联系电话：010-64515150（发行部）　010-64212247（总编室）
　　　　　010-64243016（事业部）　010-64248236（印制部）

策划编辑：刘文捷

责任编辑：刘　豪

排　　版：德州华朔广告有限公司

印　　刷：北京建宏印刷有限公司

开　　本：710 毫米 × 1000 毫米　1/16

印　　张：13.5　　　　　　　　　　　字　　数：193 千字

版　　次：2025 年 3 月第 1 版　　　　印　　次：2025 年 3 月第 1 次印刷

书　　号：ISBN 978-7-5103-5575-2

定　　价：78.00 元

　　国有资本授权经营制度改革是新时代创新国有资产监管方式、优化国有企业治理结构、推动国有资本市场化运作的重大举措，其改革成效的检验是进一步推进国资国企改革的重要理论前提和实践基础。我国早期国有资产经营管理模式主要停留在"管企业管资产"层面，难以实现所有权与经营权的分离。政企不分、政资不分等问题抑制了国有企业监管效率的提升，阻碍了国有经济的高质量发展。为了完善国有资产管理体制，进一步释放国有企业的经营活力，2013年党的十八届三中全会提出对国有企业实施国有资本授权经营制度改革，标志着国有资产经营管理模式向"管资本为主"的创新性转变。随着《国务院关于推进国有资本投资、运营公司改革试点的实施意见》（国发〔2018〕23号）、《国务院关于印发改革国有资本授权经营体制方案的通知》（国发〔2019〕9号）等政策的陆续实施和推进，国有资本授权经营制度改革的步伐不断加快。

　　当前国有资本授权经营制度改革正处于试点阶段。自2014年7月中粮、国投两家中央企业展开第一批改革试点工作以来，试点数量呈现逐年上升趋势。这些试点企业通过改组组建国有资本投资公司和国有资本运营公司来调整国有企业集团的组织架构和管控模式，在推行政府授权放权、以管资本为主推进国资监管职能转变以及完善公司治理机制等方面展开了实践。然而据可及文献，已有研究以规范分析为主，围绕制度改革的现实意义、授权经营模式等方面进行了理论层面的探索性研究，关于制度实施效果的实证研究有待拓展。

根据政策梳理与对改革试点实践经验的总结可知，优化国有资本配置结构、提升国有资本配置效率是国有资本授权经营政策设计的重要目标。融资活动是企业资产形成的最原始途径，是发挥着起点作用的资本配置行为。在国有企业因政府干预和内部人控制等问题而导致融资决策存在诸多不足的背景下，通过系统的理论分析与实证检验回答国有资本授权经营能够对国有企业融资行为产生何种影响、具体作用机制是什么、在何种情境下影响更为突出等问题，具有重要的理论意义和实践价值。

本书通过文献综述和制度背景分析，综合国有资本授权经营与企业融资的相关理论，从政府干预和内部人控制两个视角理清国有资本授权经营与国有企业融资的理论逻辑，构建系统的理论分析框架。在此基础上，结合国有企业融资行为存在的现实问题，选取负债水平、资本结构动态调整以及融资效率三个视角，采用双重差分方法检验国有资本授权经营的作用。

本书的主要发现有以下四点：

第一，国有资本授权经营能够显著改善国有企业融资行为，表现为能够显著降低企业负债水平、提高资本结构调整速度和提高企业融资效率。

第二，受体制机制约束、政府干预程度、公司治理质量以及企业融资情况差异的影响，行政级别、公司类别、管理层权力大小、企业成长性等因素对国有资本授权经营与国有企业融资行为的关系产生了不同的调节作用。

第三，降低政府干预是国有资本授权经营改善国有企业融资状况的最重要机制，该路径在三个研究视角中均成立，而抑制内部人控制的作用机制仅在负债水平视角和资本结构动态调整视角的研究中成立，说明关于国有企业管理层行权规范的相关政策设计有待重点完善。

第四，综合政府干预和企业内部人控制双重视角构建的国有资本授权经营影响企业融资行为的理论分析框架具有一定的适用性。

总体来看，本书立足当前深化国资国企改革的现实需要，构建了国有资本授权经营影响国有企业融资行为的理论分析框架，实证探究了国有资本授权经营对国有企业融资行为的影响，有利于丰富国有资本授权经营的理论研究范畴，拓展国有企业融资行为影响因素的研究。

本书的研究创新主要体现在以下几点：

第一，研究视角的综合性。在框架设计上，基于国有企业特殊的产权性质和融资活动中存在的现实问题，具体从负债水平、资本结构动态调整以及融资效率三个角度进行了理论分析与实证检验，为考察国有资本授权经营对国有企业融资行为的影响提供了丰富且系统的证据支持。在机制分析时，突破以往仅基于降低政府干预视角的局限，补充分析了内部人控制视角下的治理作用以及潜在的负向影响，拓展了国有资本授权经营机制研究的视角。

第二，研究内容的创新性。现有文献关于国有资本授权经营制度实施效果的实证检验较少。本书基于制度改革的目标定位，创新性地将国有资本授权经营与国有企业融资行为纳入统一的研究框架，采用双重差分方法对两者关系进行了理论分析与实证检验。研究内容弥补了国有资本授权经营实证研究的不足，拓展了国有企业融资行为影响因素研究，并且有助于丰富宏观经济政策对微观企业决策的影响研究。

第三，研究成果的应用性。在理论拓展方面，已有文献侧重于对政策的反复归纳和解读，缺少一个严谨的理论分析框架。本书提炼了国有资本授权经营的核心改革举措，理清了国有资本授权经营与国有企业融资行为的内在逻辑并构建理论分析框架，有助于深化国有资本授权经营的理论研究范畴，发挥抛砖引玉作用，推动学界深入挖掘国有资本授权经营的改革经验。在政策启示方面，本书研究一方面实现了对国有资本授权经营制度改革及其相关政策成效的客观评价，另一方面相关结论与建议对于完善国有资本授权经营制度、优化国有资本配置以及助力国家治理现代化建设都具有重要意义。

本书是国家自然科学基金项目"国有资本授权经营：效果评价与机制探索"（72073019）、"区域竞争、区域协同与企业产能效率提升：理论机制与实证分析"（72272164），北京农学院青年教师科研创新能力提升计划资助项目"区域合作对企业高质量发展的影响研究"（QJKC-2024002）的阶段性研究成果。由衷感谢东北财经大学陈艳利教授就前期思路梳理、整体框架设计等提供的宝贵意见，感谢北京农学院刘芳教授在出版过程中给予的大力支持。本书部分前期成果发表于《经济管理》《中国经济学》《计量经济学报》等学术期刊，由衷感谢期刊社编辑老师及审稿专家给予指导帮助。

本书的出版获得了北京农学院"24年市属高校分类发展-都市农林特色高水平应用型人才培养体系建设"的资助。

作者

2025 年 1 月

目 录

图目录

表目录

1 导论

1.1 研究背景与研究意义

1.1.1 研究背景

国有资产经营管理模式和效率直接影响着国民经济运行质量，也对政府国有资产出资者职能转变和政府治理提出了现实要求。早期的国有资产经营管理模式主要停留在"管企业管资产"层面，"管资产与管人、管事相结合"是国务院国有资产监督管理委员会（简称国资委）监管国有企业的主要特征。这种模式难以有效实现所有权与经营权分离，并且政企不分、政资不分等问题抑制了国有企业监管效率的提升。2013年党的十八届三中全会提出对国有企业实施国有资本授权经营制度改革。随着《国务院关于推进国有资本投资、运营公司改革试点的实施意见》（国发〔2018〕23号）、《国务院关于印发改革国有资本授权经营体制方案的通知》（国发〔2019〕9号）等政策的陆续实施，制度改革的步伐不断加快，其改革成效的检验成为当前深化推进国资国企改革的理论前提和实践基础。

当前国有资本授权经营制度改革正处于试点阶段，自2014年7月在中粮、国投两家中央企业展开第一批试点工作后，纳入试点范围的国有企业数量逐年上升。截至2023年初，全国试点企业总计达172家，包括中央企业21家，地方国有企业151家，合计控股上市公司超过248家。这些试点企业在改组组建国有资本投资公司和运营公司（简称两类公司）、授权放权、完善公司治理等方面进行了积极的探索与实践。如果试点效果良好，将有助于深化国有资本授权经营制度改革在全国范围内纵深推进。然而，现有文献主要采用规范分析的方法对制度改革的现实意义、授权经营模式以及两类公司的功能定位、组建方式、运作机制等方面进行了探索性的研究（谢志华，

2016；王曙光、王天雨，2017；綦好东 等，2017；胡锋、黄速建，2017；文宗瑜、宋韶君，2018；徐文进，2020；黎精明、汤群，2020），尚未形成严谨的理论分析框架，而且关于制度实施效果的实证检验较少。

国有企业是国有资本的主要载体，其融资行为不仅关系到企业自身的成长和存续，而且在宏观层面上，对于实现国有资本的有效配置和促进资本市场的稳定发展，具有不可或缺的基础性作用。国有企业本应该责无旁贷地加强融资体系建设，积极促进融资决策效率提高。但是从当前的情况看，国有企业融资行为仍然存在着一些突出的问题，成为国资国企改革所面临的老大难问题。例如，金融危机以来，伴随着财政发力，相对于私营企业杠杆率的持续下降，国有企业的资产负债率却逐年攀升，降杠杆成为当前国企改革和供给侧结构性改革的重点任务；国有企业在税收、融资等方面得到政府的额外关照，资源利用效率偏低却又难以按照市场规则被淘汰；权责边界设定不够清晰，决策机制偏行政化，出资者、监管者的角色定位不准确；等等。这些问题制约了国有企业经济活力的释放……

已有文献关于国有企业融资问题原因的讨论各有侧重，但总结而言可以重点划分为政府干预和企业内部人控制两个视角：从政府干预视角，基于缓解财政压力、实现公共管理目标以及官员晋升等原因，政府通过行政干预方式影响国有企业决策，使其承担了政策性负担并引发预算软约束现象，造成负债决策偏离国有资本保值增值目标，导致国有企业出现杠杆率过高、资金使用效率不高、资本结构向目标资本结构调整的速度偏低等现象（Dong et al.，2014；方军雄，2007；林毅夫、李志赟，2004；盛明泉 等，2012；綦好东 等，2018）。从企业内部人控制视角，实施放权让利改革后，国有企业的管理层获得了较大的融资决策权。在缺乏出资者监督和有效的激励与约束机制的背景下，管理层追求自身利益的行为难以被限制。因此，国有企业的管理者在决策时，往往缺乏以股东利益最大化为指导原则的强烈动力（Qian et al.，2009；肖泽忠、邹宏，2008），进一步造成了国有企业融资效率损失。

本书根据政策梳理①与改革试点实践经验发现，国有资本授权经营以向国有企业充分授权放权为关键措施，主要采取了以下几方面的改革行动：（1）改组组建两类公司，落实出资者职能；（2）通过授权放权来减少政府对国有企业的直接的行政干预；（3）统筹完善股东治理结构、董事会治理机制以及市场化的经理人选拔机制等举措。从理论上分析，这些改革措施有望对国有企业面临的政府干预和内部人控制问题达到一定的治理效果，预计也会对企业的融资行为产生积极的治理影响。

那么，在实际的改革试点过程中，国有资本授权经营制度改革这一宏观经济政策对微观国有企业融资行为有何影响？其发挥作用的核心机制是什么？如何进一步完善国有资本授权经营制度，更好地实现国有资本授权经营对国有企业融资行为的改善作用？只有回答好这些问题，才能明确国有资本授权经营的作用，进而对我国的国有资本授权经营制度改革及其相关政策成效进行客观评价，以利于我国高质量地推进"管资本为主"的国有资产管理体制建设，助力国有资本做强做优。针对上述问题，本书从国有企业融资行为的现实问题出发，深入探讨国有资本授权经营与国有企业融资行为之间的逻辑联系，在此基础上构建理论分析框架，用以分析两者之间的影响关系、作用路径以及可能的调节因素。

1.1.2　研究意义

（1）理论意义

首先，理清国有资本授权经营的基本内涵与核心改革举措，聚焦于企业融资视角，深化对国有资本授权经营功能、作用机制的认识，丰富和拓展国有资本授权经营的理论研究范畴。已有文献虽然进行了较多的理论性探索研究，但侧重于对已有政策的解读和对两类公司的讨论，对于国有资本授权经营所要解决的本质科学问题与核心作用机制缺乏明确的解释。本书通过相关

---

① 具体规定可参见本书第3章的制度背景分析。

概念界定与政策梳理，揭示国有资本授权经营的基本内涵，明确其制度改革目标，提炼其核心改革举措并理清关键的作用机制，在此基础上构建国有资本授权经营影响国有企业融资行为的理论分析框架，对国有资本授权经营的影响效果、作用机制和调节因素进行理论分析与实证检验，有助于深化国有资本授权经营相关理论研究。

其次，揭示国有资本授权经营与国有企业融资行为的内在逻辑，丰富宏观经济政策对微观企业行为的影响研究，拓展国有企业融资行为影响因素研究。目前关于国资国企改革政策对国有企业融资行为影响的研究相对较少。文献梳理表明，关于国有资本授权经营的研究多关注授权放权在降低政府干预方面的积极作用，对于可能引发的具有负面影响的管理层非期望代理行为的关注不足。本书从负债水平、资本结构动态调整、融资效率三个方面梳理了国有企业在融资方面存在问题的具体成因，研究了国有资本授权经营制度改革这一宏观经济政策对微观企业融资行为的影响。并且，在分析作用机理时，不仅从政府干预的角度考察了国有资本授权经营的正面效应，还统筹分析了其在企业内部人控制视角可能产生的治理作用和可能引发的代理问题。这能够拓展国有企业融资行为影响因素的相关研究，同时也进一步丰富了政府干预和企业内部人控制的相关研究。

最后，手工整理出受国有资本授权经营制度改革影响的国有企业名单，采用多期双重差分方法（Difference-in-Differences，DID）实现国有资本授权经营经济效果的实证检验，为后续实证研究提供参考。目前关于国有资本授权经营的研究尚处于理论探索阶段，关于其改革影响的实证检验较少；主要采用规范分析的方法，辅以简单的案例分析，研究方法的局限阻碍了研究内容的进一步拓展。由于国有资本授权经营正处于改革试点阶段，能够明确不同国有企业被纳入改革试点范围的时间点，以及划分受改革影响的实验组和不受影响的对照组，符合多期双重差分方法的应用条件。因此，本书通过人工收集和整理的方式，汇总了一份包含已进行试点的国有企业及其控股上市公司的名单。在此基础上，进行严谨的理论推导和提出假设后，运用多期双重差分法对国有资本授权经营与国有企业融资行为之间的联系进行了定量分析。这一做法在弥补现有研究方法不足的同时，也为后续实证研究提供了参考。

（2）实践价值

立足当前深化国资国企改革的现实需要，研究国有资本授权经营对国有企业融资行为的影响，对于完善国有资本授权经营制度和优化国有企业融资行为都具有重要的政策意义。自党的十八届三中全会提出制度改革的概念以来，改革探索对国有企业的资本经营活动产生了不可忽视的影响，其改革成效的检验成为当前深化推进国资国企改革的理论前提和实践基础，但是通过文献梳理并没有发现有关其效果评价的研究报告。国有企业融资问题一直是国资国企改革的"老大难"问题，同时也是国有资本授权经营制度改革所致力于解决的目标问题之一。在此背景下，本书从国有企业融资行为的现实问题出发，从负债水平、资本结构动态调整、融资效率三个角度，对国有资本授权经营的作用和机制进行系统的分析与检验，并在此基础上从国家治理、政府放权监管以及企业履职行权三个方面系统提出相关政策建议。研究内容对于深化国有资产管理体制改革、促进国有资本优化配置具有重要的参考价值，而且对于理顺政府与市场、企业三者之间的关系，助力国家治理现代化建设也具有一定的现实意义。

1.2　主要概念界定

本节将对本书的核心概念——国有资本授权经营和国有企业融资行为分别进行界定，以为后文的文献综述、理论分析和研究设计提供概念基础。

1.2.1 国有资本授权经营

对于国有资本授权经营的概念，本书首先在文献梳理的基础上对资产与资本的关系、国有资产与国有资本的关系进行分析和比较，然后结合相关政策规定和改革试点的实际情况，理清国有资本授权经营以及国有资本授权经营制度改革的内涵。

（1）资产与资本

按照马克思在《资本论》中的定义，资本呈现了一种特定的社会关系，具备以下特点：①一种能够创造剩余价值的特殊价值；②一种能够展现资本主义特征的生产经营方式；③蕴含了针对剩余劳动的占有、支配权；④核心是追求价值增值的运动。从西方经济学对资本的研究来看，古典政治经济学时期形成了关于资本在性质、内涵、作用等方面的学术观点。Eugen Bohm-Bawerk（1886）将"资本"视作贷款的本金，本金通过交易行为可以生息。Adam Smith（1776）从积累的角度定义资本，具体指扣除用于非消费需求后的剩余财货，这些财货能够用于生产和获取新的生产资料。Alfred Marshall（1890）从收入的角度把资本视作生产要素，认为资本是利用已有财产赚取的额外收入以及特定的财产支配权。学者Paul A Samuelson（1941）的观点与上述类似，将资本视作能够在生产过程中循环使用的一种具有耐用性特征的生产要素。综合以上观点，可以看出增值是资本的重要属性。

从会计学科的概念出发，资产指"由企业过去的交易或事件所产生，被企业所拥有或控制，并预期能够为企业带来经济利益流入的资源"。其中，"拥有或控制"是指企业虽然形式上没有所有权，但是实际上取得控制权，能够拥有并处置与所有者相关的利益风险。从上述定义来看，"资产"这一概念具备以下四个特点：①是出资者投资的结果；②是由企业过去的交易或者事项形成的；③被特定的人或者组织拥有或者控制；④能够带来某种经济收益。

许多人将资产与资本视为同一概念，但实际上并非如此。从表现形态来看，资产具有实物形态特征，例如材料、厂房、机器设备等；资本是一种价值或者权利，例如收益权、处置权、运营权等。从运动特点来看，资产可以是静止的，在一段时间内可以不产生价值；而资本是一种不间断的运动，具有增值和流动两大特征。前者指资本能够创造出大于其自身价值的价值，这种特性使其不断地追求效率最大化，后者是资本得以存在并使其获得价值增值的必要条件。从管理内容来看，资产管理侧重于从实物的角度进行业务经营和企业管控；而资本管理则侧重于从价值的角度进行资本运作和股权运营。从资产负债表上看，资产在表格的左侧，代表了出资者的静态财富；资本则反映了出资者的动态财富。资本与资产的比较如表1-1所示。

表1-1 资本与资产的区别

区别	表现形态	管理重点	特点
资本 （Capital）	价值形态、收益权、处置权、运营权等	资本运作，侧重于管理股权	增值性、流动性、扩张性、趋利性、竞争性等
资产 （Asset）	实物形态，材料、厂房、设备等	业务经营，侧重于管理企业	特定主体所拥有或控制，能够带来收益

（2）国有资产与国有资本

国有资产的所有者是国家，其定义有广义和狭义两种（陈艳利，2019）。从广义的角度来看，国有资产指国家所拥有的全部财产和财产权利，其来源渠道有投资、接受馈赠以及凭借国家权力获得、法律认定等多种方式。根据2017年《中共中央关于建立国务院向全国人大常委会报告国有资产管理情况制度的意见》的规定，国有资产管理的内容包括企业类、金融企业类、行政事业类、自然资源类等多种类型资产。从狭义的角度来看，国有资产仅涵盖企业类资产，这里的企业是指国有独资、控股以及参股企业。从字面含义来理解，国有资本特指由国家作为出资者所形成的资本，企业层面的国有资本主要是指"国家对企业各种形式的投资和投资所形成的权益，以及依法认定的其他权益"。

国有资产与国有资本的系统比较详见表1-2。

表1-2 国有资产与国有资本的比较

区别	表现形式	功能	管理侧重点
国有资产	国家出资企业	强调维持实物形态的完整性	侧重于实物管理（管企业），对企业组织直接管理，保证国有资产有效使用
国有资本	股权或产权	在运行过程中实现保值增值	侧重于价值形态（管股权），促进资本不断增值

国资委文件指出，"管资产"强调对实物资产和国有企业的直接管理，"管资本"更强调实现企业的市场主体地位和对其法人财产权的维护，要求坚持政企分开、政资分开。王新红（2016）认为，"管资产"是指将国资监管机构（如国资委）作为国家所有权的代表，对企业的具体财产和权益进行监管和干预，而"管资本"是指出资人代表机构仅以股东的身份与国有企业进行沟通，不做过多行政干预。

（3）国有资本授权经营

明晰的产权关系是现代企业制度的重要特征，出资者不能直接干预企业的经营活动，只能根据公司章程通过股东权力影响企业。从代理的角度来看，当出资者个人能力难以满足公司规模增长和经营领域扩大的需求时，需要聘请职业经理人来负责管理企业的日常经营活动。通过签订契约，这类职业经理人员被授予管理企业所需的权利，并接受股东的监督和考评。这是企业最初的授权经营概念，侧重于对股东与管理层人员关系的描述。

与上述概念不同，本书研究聚焦于国有资本的授权经营与管理机制，这涉及国资委（或其他相关政府职能部门）将它们所持有或控制的国家资产产权，通过授权的方式委托给特定的两类公司进行经营管理。这种授权行为将"政府直接控制"国有企业的传统模式，转变为"通过两类公司进行管理"的新模式，实现了以授权为途径对企业出资者角色的重新定位。这种创新的管理模式强调"以资本管理为核心"，有助于推动政府与企业的分离，同时促进国资委在出资人职责和监管职责上的有效分离，降低国有企业受到的政府干预程度。

随着国有资本授权经营制度改革的深入推进，授权经营在实践中被赋予了越来越多的含义：不仅指将原本由国资监管机构享有的出资者权利授权转移给两类公司的董事会，还涉及将应需要由企业自主决定的事项、延伸到子企业的事项归还给企业。所以，从目前来看，授权经营是指依据国资委和两类公司之间的授权关系、两类公司与国有企业之间的投资关系，建立起具有国有产权性质的特殊委托代理关系。这本质上是一种以产权纽带关系来替代过去的行政隶属关系为核心的国有资产经营管理模式的创新。

（4）国有资本授权经营制度改革

自1978年实行改革开放政策以来，国有企业的改革进程经历了四个主要阶段："放权让利"（1978—1992年）—"产权改革"（1993—2002年）—"国资监管"（2003—2012年）—"全面深化改革"（2013年至今）。

经过前三个阶段渐进形式的改革，国有企业基本建立了现代企业制度，但也步入了艰难前行的"深水区"：国有资本运营依然受到政企不分、政资不分、监管者履职界限不够清晰等问题的困扰，妨碍了国有企业现代公司治理制度的实质建立和高效运行，国有资本运行效率有待进一步提高。在此背景下，2013年党的十八届三中全会提出"改革国有资本授权经营体制"。

在当前的研究文献中，对于国家资本授权经营体系改革的具体定义还不够清晰明确。蒋凯等（2019）认为从广义上可以将其看作国有企业运营模式及监管方式变革的总称，而马忠等（2017）、黎精明和汤群（2020）从狭义上将这一改革定义为：通过改组组建两类公司，由其代为履行国有资产出资者职能的制度安排与改革。本书认为，国有资本授权经营制度改革是新时代创新国有资产监管方式、优化国有企业治理结构、推动国有资本市场化运作的重大举措。它在过去的放权让利改革、产权改革等国资国企改革经验的基础上产生，又具备新时代"管资本"的独有特点。而且，改组组建两类公司与国有资本授权经营制度改革并非同一个概念，前者是推动后者改革目标实现的创新举措和重要途径。两类公司主要是国资监管部门在分离企业管理职能过程中的重要平台，它们在被授权的范围内履行出资者职责，并且需要将一些具体的经营决策自主权进一步放权给下属子公司。所以，从上述概念来看，无论是广义还是狭义，都未能较好地体现国有资本授权经营的本质内涵。

本书根据政策梳理发现，国有资本授权经营制度是以对国有企业进行充分授权放权为核心手段的新型国有资产管理方式，是新时代政府放权改革的创新表现，具体以分类授权和放管结合等为基本原则，通过减少政府对国有企业的行政干预，让企业获得更多自主经营权，重点实施了以下改革举措：①通过重组和新建两类公司，旨在梳理政府与国有企业之间的出资人关系，实现国有资产出资人和监管者职能的分离与有效落实；②通过授权和放权，减少政府对国有企业的行政干预，增强企业的自主发展能力，推动国有资本的市场化运作；③通过整合和完善股东治理、董事会治理、市场化选聘经理人以及违规经营投资责任追究等治理优化措施，增强和规范国有企业的实际行权能力。

1.2.2　国有企业融资行为

企业融资研究是财务学领域最基本的研究范畴。国有企业融资行为指的是国有企业为了满足其经营和发展的资金需求，通过各种渠道和方式筹集资金的活动。本书从国有企业融资行为的现实问题出发，结合国有资本授权经营的核心改革举措与作用机制的分析，从负债水平、资本结构动态调整以及融资效率三个角度，对国有资本授权经营与国有企业融资行为的关系进行考察。

（1）企业负债水平

企业负债水平是指企业在一定时期内所承担的债务额占企业总资产的比例，它是衡量企业财务状况和偿债能力的重要指标。负债水平的高低直接关系到企业的财务风险和经营稳定性。较高的负债水平意味着企业需要支付更多的利息和本金，会增加企业的财务风险。如果企业的收入不足以覆盖这些债务支出，可能会导致流动性问题甚至破产。Rajan 和 Zingales（2003）采用非权益类债务与总资产的比值，以及负债分别与总资产、净资产、投资资本的比值四个指标来度量不同国家的负债特征，其中"负债与总资产的比值"是文献中较为常用的指标（王跃堂 等，2010；马文超、胡思玥，2012；綦好东 等，2018）。中国的资本市场在政府主导下快速建立起来，政府在资本配置中具有重要的导向力量，国有产权特征使得国有企业在进行负债融资时具有相当大的优势，导致其存在负债水平明显偏高的特征（肖泽忠、邹宏，2008），所以本书将从资产负债率的角度来探究国有资本授权经营的影响。

（2）企业资本结构动态调整

大量经验研究表明，企业具有最优的目标资本结构，企业为实现价值最大化需要根据内外部环境的变化而不断进行资本结构的优化调整（Kraus and Litzenberger，1973；Graham and Harvey，2001；Drobetz and Wanzenried，2006；Byoun，2008）。所以，资本结构决策的关键不仅是要形成一定的静态资本结构，还包括资本结构的动态调整。在计算资本结构调整速度时，Flannery 和 Rangan（2006）、Byoun（2008）建立了标准部分调整模型，计算出的资本结构调整同时包含了机械类和主动类两种调整部分，机械类调整在企业管理者即使没有采取发行股票、增加或减少银行贷款等主动调整行为时也会存在。黄继承和姜付秀（2015）在借鉴 Faulkender 等（2012）研究的基础上，修改了标准部分调整模型，将主动类调整和机械类调整进行分离。近期文献在实证设计时多采用同时计算目标资本结构和调整速度的研究方法（Flannery and Rangan，2006；Faulkender et al.，2012；黄继承、姜付秀，2015；郑曼妮 等，2018）。这种方法假定调整成本会使公司部分地向目标调整资本结构进行调整，而且在对基准模型进行调整的基础上，能够检验特定因素对资本结构调整速度的影响。对于目标资本结构的计算，已有文献多将其定义为企业特征变量的函数，并在此基础上设计回归模型来估计（Denis and Mckeon，2012；姜付秀、黄继承，2011；陆正飞 等，2015；杨筝 等，

2017），或者将企业资本结构的时间序列均值、行业中位数等指标作为目标资本结构的代理变量。

（3）企业融资效率

国外文献关于融资效率的专门研究较少，多关注市场整体层面的资金配置效率。国内相关定义主要有以下三大类：第一种将融资效率的内涵定义为企业以最低成本获取经营所需资金的能力（高西有，2000）；第二种认为企业融资效率应该兼顾交易效率和配置效率，前者指企业以最少的成本获取经营所需的资金，后者则要求企业将资金进行高效利用以实现收益最大化（宋文兵，1998；卢福财，2003；肖劲、马亚军，2004；吴娅玲，2012；曹亚勇 等，2013；张玉喜、赵丽丽，2015；张海君，2017）；第三种从宏观角度将企业融资效率定义为融资活动对经济发展所起到的作用（卢福财，2003）。经济学上效率的主题思想是指最小化投入产出的比例，结合资本配置的研究主题和国有资本保值增值的国有企业改革目标，本书采取第二种定义，侧重于从企业价值创造的角度，将企业融资效率定义为获取资金并利用其进行价值创造的能力，融资成本和资金使用收益是衡量其效率高低的主要因素。

当以企业获取资金并利用其进行价值创造的能力来度量企业融资效率时，财务学研究中主要通过"投资收益与资本成本之比"来计算这一指标（卢福财，2003；吴娅玲，2012；曹亚勇 等，2013）。其中投资收益多采用总资产（或者核心净资产）收益率、资本保值增值率等来代替；资本成本是债权和权益两类资本成本的加权平均值。权益资本成本的度量模型包括事前和事后两类，事前测度模型有戈登增长模型（Gordon and Gordon，2006）、GLS模型（Gebhardt et al.，2001）、PEG模型和MPEG模型（Easton，2004）、OJ模型（Ohlson and Juettner-Nauroth，2005）等。事后测度模型有套利定价理论模型、资本资产定价模型、Fama-French三因素模型等，毛新述等（2012）、许志等（2017）研究发现事后模型假设条件较多且误差较大，相比之下事前模型更适合我国。国内学者在测度权益资本成本时多采用PEG模型和OJ模型（何玉 等，2014；李慧云、刘镝，2016；王爱国 等，2019；张修平 等，2020）。由于我国企业没有披露债务利息的具体类别，我国学者多采用利息总支出（或者利息支出与手续费、其他财务费用的总和）与负债总额的比值来计算债务资本成本（蒋琰，2009；李广子、刘力，2009；王艺霖、王爱群，2014）。

1.3　研究目标与研究思路

1.3.1　研究目标

本书以探索构建国有资本授权经营影响国有企业融资行为的理论分析框架、实证分析国有资本授权经营对国有企业融资活动的影响作为主要目标，具体目标如下：

（1）在文献梳理的基础上总结国有企业融资行为的影响因素，揭示国有资本授权经营的基本内涵并提炼核心改革举措，构建国有资本授权经营影响国有企业融资行为的理论分析框架。

（2）从国有企业融资行为的现实问题出发，在此基础上结合国有企业融资行为存在的典型问题，选取负债水平、资本结构动态调整、融资效率三个角度，采用多期双重差分方法，实证分析国有资本授权经营对国有企业融资行为的影响效果和调节因素，并进一步从政府干预和内部人控制视角进行作用路径检验。

（3）在理论分析与实证检验的基础上，针对国有企业融资问题，提出国有资本授权经营制度完善的对策建议，为改善国有企业融资行为情况以及国有资本授权经营制度优化提供政策参考。

1.3.2　研究思路

基于研究题目和研究目标，本书按如下思路进行各部分的研究：

首先，通过概念界定理清资本授权经营的基本内涵与特征，并从负债水平、资本结构动态调整、融资效率三个方面界定国有企业融资行为的研究视角。在概念清晰的基础上通过文献综述，掌握国有资本授权经营和国有企业融资行为的研究现状，明确尚未解决的关键问题，并且分别从政府干预和企业内部人控制视角对国有企业融资行为的影响因素进行梳理和总结，为后文研究提供文献和思路支撑。该部分内容体现在第1章和第2章。

其次，以相关制度背景为基础，理清国有资本授权经营的基本内容和改革目标，提炼国有资本授权经营的核心改革举措，并结合相关基础理论对国有资本授权经营与国有企业融资行为的内在逻辑关系进行理论探讨，从政府干预机制和内部人控制机制两个方面探索构建理论分析框架，为后文实证分析提供理论依据。该部分内容体现在第3章和第4章。

再次，采用实证方法，分别从负债水平、资本结构动态调整、融资效率三个角度，具体探究国有资本授权经营对国有企业融资行为的影响效果，在此基础上进一步分析行政级别、公司类别、成长性等因素对上述关系产生的调节作用，并尝试进行作用路径检验，以对本书所构建的理论分析框架进行检验。该部分内容体现在第5章、第6章、第7章。

最后，本书研究的一个重要目标是希望能够将研究结论服务于国有资本授权经营制度的进一步优化。所以，作为最后一部分研究内容，本书将在研究发现的基础上提出相关政策建议。该部分内容体现在第8章。

本书研究的核心思路如图1–1所示。

```
┌─────────────────────────────────────────────────────────────┐
│  ┌──────────┐    ┌────────────┐    ┌────────────┐           │
│  │ 治理理论  │    │出资者财务理论│    │ 管理幅度理论 │           │
│  └─────┬────┘    └──────┬─────┘    └──────┬─────┘           │
│        │          ┌─────┴─────┐           │                  │
│        └──────────│国有资本授权经营│───────────┘                  │
│                   └─────┬─────┘                               │
│                   ┌─────┴──────┐                              │
│                   │国有企业融资决策│                              │
│                   └─────┬──────┘                              │
│  ┌──────────┐    ┌──────┴──────┐    ┌────────────┐           │
│  │政府干预理论│    │内部人控制理论│    │管理层权力理论│           │
│  └──────────┘    └─────────────┘    └────────────┘           │
└─────────────────────────────────────────────────────────────┘
```

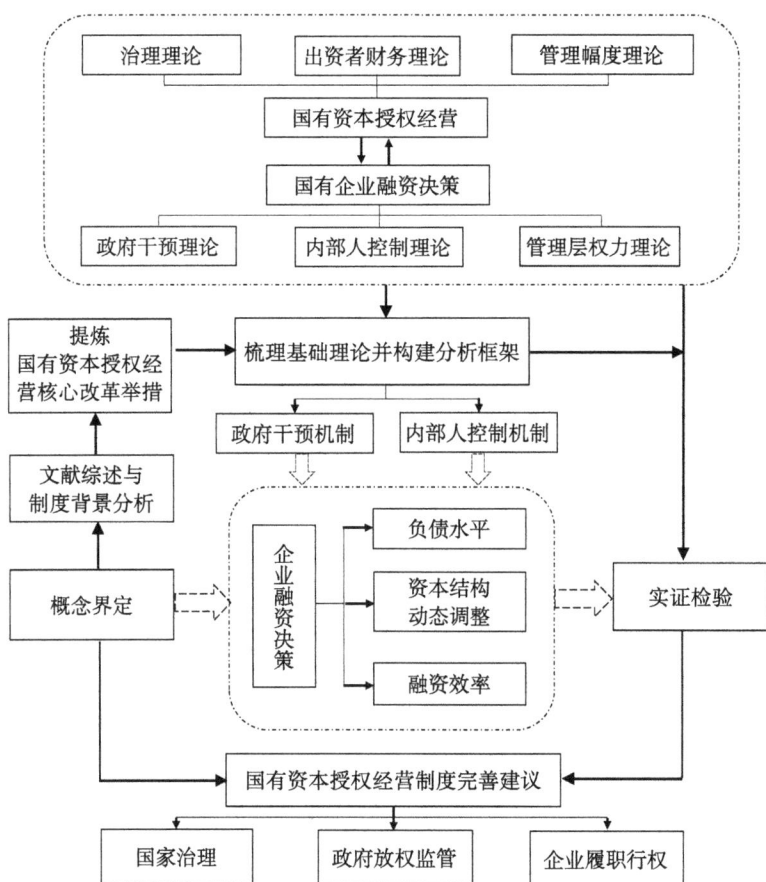

图 1-1 本书的研究思路图

1.4 研究内容与研究方法

1.4.1 研究内容

本书的主要研究内容安排如下:

第 1 章是导论。阐述研究的背景、目标、方法论,并明确关键概念的定义。在概念界定时,本章选取负债水平、资本结构动态调整、融资效率三个角度对国有资本授权经营之于国有企业融资行为的影响研究进行框架设计。

第2章是文献回顾。在确定研究主题和定义核心概念之后，本章将从国有资本授权经营、企业融资行为的影响因素、政府放权改革效果、政府干预对国有企业融资行为的影响、内部人控制对国有企业融资行为的影响五个方面进行文献回顾。最后给出文献评述，明确选题相关领域的研究现状和尚未解决的关键问题，为后文探究国有资本授权经营对国有企业融资行为的影响奠定文献基础并提供思路启发。

第3章是制度背景分析。本章将从国有企业放权的历史沿革以及国有资本授权经营的改革历程、政策梳理、试点概况和核心举措五个部分对国有资本授权经营的制度背景进行论述，以揭示国有资本授权经营的基本内容，明确其改革目标，提炼核心改革举措，为后文的理论分析与实证检验提供研究基础。

第4章是理论基础与分析框架。根据提炼的国有资本授权经营核心改革举措，从治理理论、出资者财务理论以及管理幅度理论出发论述国有资本授权经营范式的理论逻辑。然后对与企业融资行为相关的政府干预理论、内部人控制理论和管理层权力理论进行了系统的分析。最后在此基础上进行理论分析并构建分析框架，为后文的实证研究奠定理论基础。

第5章研究国有资本授权经营对国有企业负债水平的影响。本章首先对国有资本授权经营与国有企业负债水平的关系进行了理论分析和实证检验。然后进一步分析了行政级别、公司类别、管理层权力以及债务融资优惠产生的调节作用。最后进行作用机制检验。

第6章研究国有资本授权经营对国有企业资本结构动态调整的影响。本章首先对国有资本授权经营与国有企业资本动态调整的关系进行了理论分析和实证检验。然后进一步分析了非国有股东治理、公司类别、企业成长性、生命周期产生的调节作用。最后进行作用机制检验。

第7章研究国有资本授权经营对国有企业融资效率的影响。本章首先对国有资本授权经营与国有企业融资效率的关系进行了理论分析和实证检验。然后进一步分析了行政级别、公司类别、管理层权力、融资约束产生的调节作用。最后进行作用机制检验。

第8章为研究结论、启示与展望。总结主要研究结论，然后进一步提出完善国有资本授权经营制度的对策建议。

通过对研究内容的分析与梳理，研究技术路线图如图1-2所示。

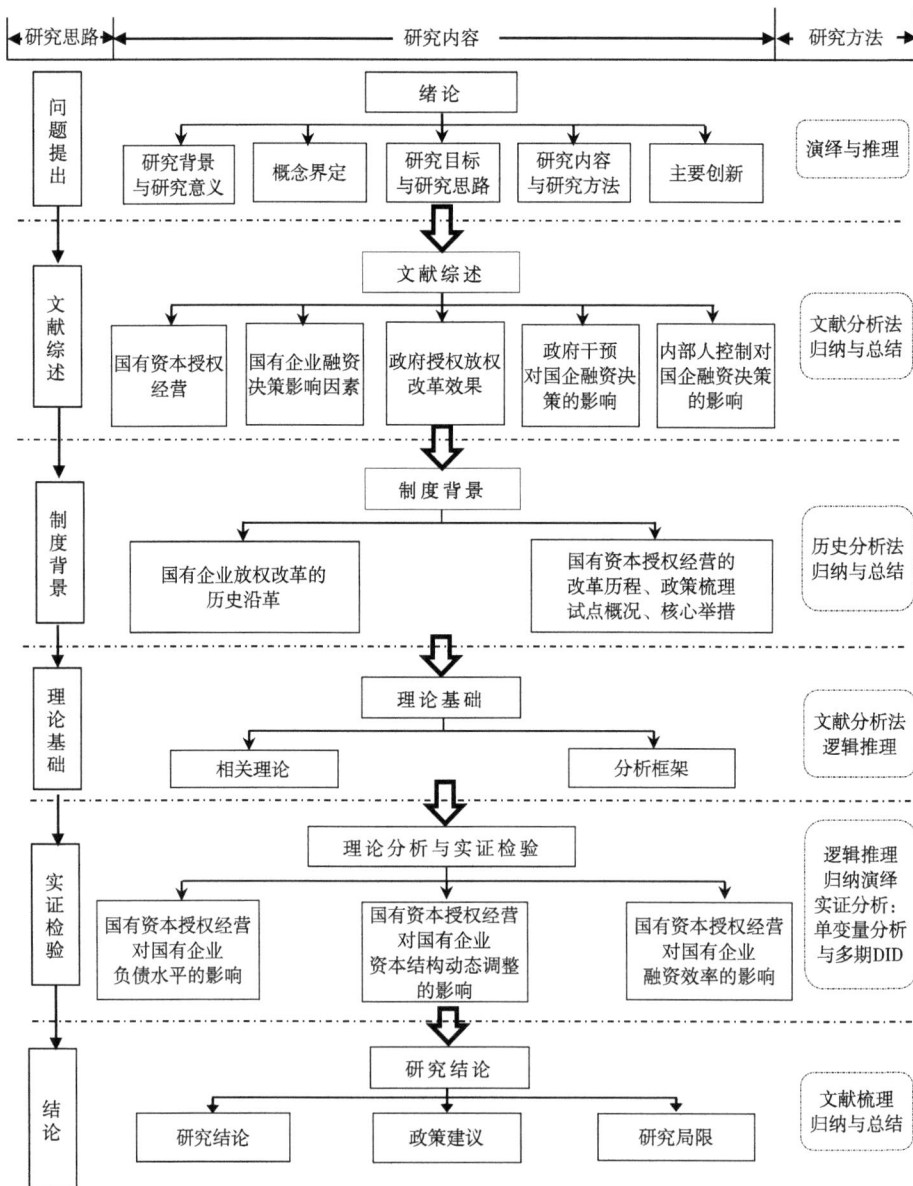

研究思路	研究内容	研究方法
问题提出	**绪论**：研究背景与研究意义 / 概念界定 / 研究目标与研究思路 / 研究内容与研究方法 / 主要创新	演绎与推理
文献综述	**文献综述**：国有资本授权经营 / 国有企业融资决策影响因素 / 政府授权放权改革效果 / 政府干预对国企融资决策的影响 / 内部人控制对国企融资决策的影响	文献分析法 归纳与总结
制度背景	**制度背景**：国有企业放权改革的历史沿革 / 国有资本授权经营的改革历程、政策梳理、试点概况、核心举措	历史分析法 归纳与总结
理论基础	**理论基础**：相关理论 / 分析框架	文献分析法 逻辑推理
实证检验	**理论分析与实证检验**：国有资本授权经营对国有企业负债水平的影响 / 国有资本授权经营对国有企业资本结构动态调整的影响 / 国有资本授权经营对国有企业融资效率的影响	逻辑推理 归纳演绎 实证分析：单变量分析与多期DID
结论	**研究结论**：研究结论 / 政策建议 / 研究局限	文献梳理 归纳与总结

图1-2 研究技术路线图

1.4.2　研究方法

从方法分类角度，本书主要使用了规范研究和实证研究的方法，两者的适用范围如前文图1-2所示。

（1）规范研究方法

在问题提出部分，通过概括描述国有资本授权经营制度改革试点现状和效果检验的缺位状况、国有企业融资行为存在的扭曲现象和成因以及国有资本授权经营制度改革目标和核心改革举措来提出研究问题；在文献回顾部分，借助文献分析方法对国有资本授权经营、政府放权改革效果以及国有企业融资行为的影响因素等相关文献进行梳理与归纳总结，并在此基础上开展文献评述；在制度背景部分，借助纵向历史分析法归纳国有资本授权经营的改革历程，然后通过梳理相关政策和分析改革试点的概况，提炼出关键的改革措施；在理论分析部分，借助文献分析方法对国有资本授权经营和国有企业融资行为相关的基础理论归纳总结，理清国有资本授权经营与国有企业融资行为的理论逻辑，在此基础上构建理论框架；在研究内容部分，通过运用逻辑推理方法来探讨国有资本授权经营对国有企业融资行为所可能产生的影响，并据此构建相应的研究假设；最后，汇总研究结果，并在对现有文献进行梳理和学习的基础上，提出具有可参考价值的政策建议。

（2）实证研究方法

针对国有资本授权经营对国有企业融资行为的可能影响，采用的实证检验方法如下：在样本选取方面，以国有控股的上市公司作为研究的起始样本，并依据这些公司是否参与了改革试点来划分实验组样本与对照组样本；在模型应用方面，主要借鉴Beck等（2010）、Hoynes等（2011）、Moser和Voena（2012）的做法设计固定效应双重差分模型。在实证分析过程中，将采用描述性统计、相关性分析、多元回归测试等多种方法，为本书结论提供充足的证据支持。

模型选择与应用：国有资本授权经营制度改革尚处于试点阶段，试点是在不同的年份分批进行的，所以本书将采用多期双重差分的实证模型。该方法能够描述个体的处理期存在时间点不完全一致的情况，并有效避免分年份回归导致的对个体差异和制度改革前后个体时间趋势上变动的忽略。以中央企业为例，2014年7月先行在中粮、国投两家企业展开第一批改革试点工作，此后在2016年、2018年进一步将第二批、第三批共计21家中央企业纳入了试点范围，不存在唯一的制度改革时间节点。所以，本书以是否纳入国有资本授权经营制度改革试点范围为依据设置个体分组哑变量，以具体的改革试点时间为依据设置时间前后哑变量。具体借鉴Beck等（2010）、Hoynes等（2011）、Moser和Voena（2012）、李文贵等（2017）、陈林和万攀兵（2019）等人的做法构建固定效应双重差分模型，尽可能地保证分析数据的完整性。具体模型如下（1.1）：

$$Y_{it} = \alpha_0 + \beta_1 DID_{it} + \theta X_{it} + \lambda_t + \mu_i + \varepsilon_{it} \tag{1.1}$$

在模型（1.1）中，α_0 为模型的截距项，X_{it} 为控制变量，λ_t 和 μ_i 分别为控制年份、个体固定效应。DID_{it} 为国有资本授权经营制度实施哑变量，是个体分组哑变量 $treat_i$ 和时间前后哑变量 $period_t$ 的交乘项，它的估计系数 β_1 度量了国有资本授权经营制度实施对 Y_{it} 的影响。如果某样本公司的控股股东被纳入了改革试点范围，则该样本归于处理组，此时变量 $treat_i$ 设为1；若未被纳入，则归为控制组，变量 $treat_i$ 设为0。对于处理组样本，若年份早于改革试点实施年份，变量 $period_t$ 设为0；若年份在改革试点实施年份或之后，则变量 $period_t$ 设为1。控制组的变量 $period_t$ 全部设为0。为了防止变量间的多重共线性，在模型（1.1）中未单独添加 $treat_i$ 和 $period_t$。Y_{it} 可以根据具体的研究问题进行替换。

样本选取与数据来源：本书以非金融领域的国有控股上市公司为研究对象。对于国有资本授权经营制度改革试点企业名单，主要通过手动方式识别和整理。根据前文对制度背景的分析可知，在这一阶段，成立两类公司是实施制度改革的关键措施，通过两类公司名单和股权控制链信息，可以确定受制度改革影响的上市公司样本。具体操作层面，中央政府以及各地方政府的官方网站会不定时地公示进行两类公司改组组建的国有企业名称和改革情况，同时搜狐网、新华网、国资智库、国资小新等信息网站也对相关信息进行了不定期的公布，作者对相关信息进行了特别关注与系统整理。

本书之所以立足上市公司的角度讨论国有资本授权经营对国有企业融资行为的影响效应，原因主要有以下三个方面：

第一，国有资本的主要载体是国有企业。从微观层面看，国有企业融资行为的有效性是宏观层面国有资本配置结构优化和资本配置效率提升的基础与前提，所以本书主要探究了国有资本授权经营核心改革举措对国有企业微观资本配置决策的影响。国有资本授权经营的核心改革举措包括改组组建两类公司、通过授权放权降低政府对国有企业的行政干预以及进行系列治理优化举措来增强国有企业的实际行权能力等。相关改革举措的作用范围并非仅局限于两类公司，包括上市公司在内的企业集团各层级成员都会受到影响（如图1-3所示）。

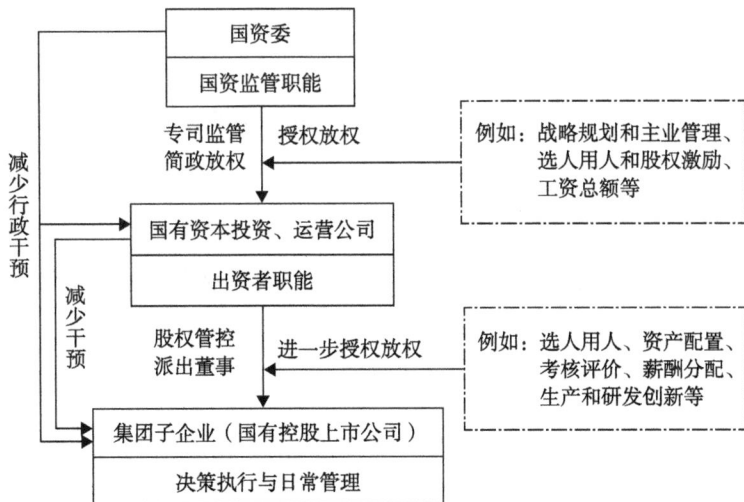

图1-3 国有资本授权经营改革模式图

第二，通过分析政策和改革试点经验可知，授权放权是国有资本授权经营的核心，它旨在减少政府对国有企业的行政干预，并提升国有企业的自主决策能力。而处于国有企业金字塔结构底端的国有控股上市公司是政府权力下放的重要承接载体，其资本配置决策会直接受到国有资本授权经营制度改革的影响。在政策层面，国资委印发《国务院国资委授权放权清单（2019年版）》在明确两类公司试点企业的授权放权事项的同时，强调"集团公司要对所属企业同步开展授权放权"。在改革实践层面，形成的典型模式为：政府将出资者权利授予两类公司的董事会，然后这两类公司进一步向所属子公司进行层层放权。例如国投电力在2014年开始进行国有资本授权经营制度改革，国资委按照"能放则放、应放全放"的原则，将投资、重大事项决策以及产权管理等70多个事项的自主决策权授予国投电力董事会，然后集团总部对子公司进一步放权，只保留体现股东权责和有外部监管职能要求的权利事项，结束了以往子公司被集团总部管得过多、过细的局面；中粮集团在2014年开始进行国有资本授权经营制度改革，国资委将市场化选人用人权、薪酬分配权、资产配置权等18项出资者权利充分授予中粮集团董事会，集团总部以产权管理为纽带向所属子公司进一步下放五大类关键权力，减少了对子公司决策的直接干预。

第三，两类公司一般为国有独资公司，难以获取完整的财务数据，而自2007年起，国有企业推进整体上市进程，大部分有效资产下沉至控股上市公司，故以上市公司数据检验国有资本授权经营制度实施的作用效果并非以偏概全，而且这也是已有文献在进行国资国企改革政策经济后果研究时所采用的较为普遍的方式。

1.5　研究创新与可能的贡献

本书可能的创新点体现在如下三个方面：

1.5.1　研究视角的综合性

在框架设计上，与单一研究某一融资行为指标的常规做法不同，本书基于国有企业特殊的产权性质和在资本配置上存在的现实问题，从负债水平、资本结构调整速度以及融资效率三个角度，综合探究了国有资本授权经营的影响效应，为考察国有资本授权经营对国有企业融资行为的影响提供了丰富且系统的证据支持。

在机制分析时，已有文献的研究视角较为单一，局限于对改组组建两类公司的讨论，而且主要关注降低政府干预的积极作用，对于授权放权可能引发的具有负面影响的管理层代理行为关注不足。与已有研究不同，本书突破了仅从降低政府干预视角进行机制分析的局限，还统筹分析了在国有企业内部人控制视角可能发挥的治理作用以及可能引发的负向影响。并在理清这两条作用路径的基础上，分别从国有资本授权经营和企业融资行为双重视角选择重要调节因素进行异质性分析，有助于提升研究内容的丰富度和框架设计的严谨性。

1.5.2　研究内容的创新性

目前的研究文献在探讨国有资本授权经营时多是理论性的分析，主要集中在对现有政策的归纳和解释上，限于模型的高度抽象化导致关于其改革效果和作用机制的实证考察尚处于缺位状态；对于国有企业改革政策如何影响其融资行为，目前的研究还不多，特别是关于国有资本授权经营的影响，还未有深入的研究。

与已有研究不同，本书基于国有资本授权经营制度改革的目标定位，创新性地将国有资本授权经营与国有企业融资行为纳入统一的研究框架，并运用双重差分法对制度改革之于国有企业融资行为的影响进行了检验。研究内容一方面弥补了国有资本授权经营实证研究的不足，有助于打开国有资本授权经营机制分析的"黑箱"，同时也是对国有企业融资行为影响因素研究、宏观经济政策对微观企业行为关系探讨的有益补充。

1.5.3　研究成果的应用性

在理论拓展方面，由于缺乏一个严谨的理论分析框架，国有资本授权经营研究的进一步拓展受到了制约。本书通过文献综述与政策梳理提炼了制度改革的核心举措，由此融合政府干预和内部人控制两个视角构建理论分析框架，有助于深化国有资本授权经营的理论研究范畴，发挥抛砖引玉的作用，推动学界深入挖掘国有资本授权经营的改革经验。

在政策启示方面，本书的研究适逢我国深化国资国企改革的新阶段，国有资本授权经营作为具体落地性举措，为研究"管资本"背景下优化国有企业融资行为提供了合适的样本，增强了选题的研究价值。研究着眼于国有企业在融资活动方面存在的实际问题，通过实证方法考察了国有资本授权经营对这些企业融资行为的影响、潜在的作用路径以及调节因素，并在此基础上分别从国家治理、政府放权监管以及企业履职行权三个层面提出系统且具有针对性的政策建议。这一方面实现了对国有资本授权经营制度改革及其相关政策成效的客观评价，另一方面能够为优化国有资本配置、完善国有资本授权经营制度乃至助力国家治理现代化建设提供一定的理论和经验支持。

2 文献回顾

基于本书的研究内容，本章从国有资本授权经营、国有企业融资行为影响因素、政府放权改革效果、政府干预对国有企业融资行为的影响、内部人控制对国有企业融资行为的影响五个方面进行文献回顾，最后给出文献评述，为后文探究国有资本授权经营对国有企业融资行为的影响奠定文献基础。

2.1　国有资本授权经营研究

自1978年改革开放以来，中国一直在积极探索有效的国有资产经营管理方式，在这一过程中实现了由管资产为主的"国有资产授权经营"到管资本为主的"国有资本授权经营"的转变。据此，本节将分别进行文献综述。

2.1.1　国有"资产"授权经营的理论探讨

"国有资产授权经营"试点始于20世纪80年代末，1987年7月深圳市投资管理公司成立，成为中国探索建立国有资产授权经营体制的先行者。国有资产授权经营的研究起始于1992年大企业集团试行国有资产的授权经营实践，早期研究的焦点主要围绕建立三层次国有资产授权经营体制的必要性而展开。陈樵生（1993）分析了授权经营在产权改革中的重要地位，提出了国有资产授权经营的程序和内容；黄速建（1994）认为传统的国营企业受政府干预严重，而进行企业集团国有资产的授权有助于解决上述问题。综合来看，最开始国内学者一直对国有资产授权经营保持着积极的态度，他们在理论上认为通过建立三层次的国有资产授权经营体制会有助于实现政企分开

（罗培新，2005）和促使国有企业出资者"相对到位"（苏东斌，1995；何诚颖，1999）。

但是，随着国有企业改革的深化推进，学者对国有资产授权经营过程中存在的固有问题逐渐达成共识：刘茂才和周殿昆（1996）、何金（2000）、蔡树堂和郑志冰（2000）、胡改蓉（2009）等人的观点比较具有代表性。他们认为现实中，国有企业只是在名义上建立了三层级的国有资产授权经营架构，其受到的行政干预仍然过多，处于中间层的国有独资公司并没有真正起到隔离政府干预的作用，难以按照市场化的方式对国有资产进行高效且自主性的经营。唐宗焜（1994）认为，国有资产授权经营未从根本上解决出资者缺位问题；盛毅和顾宇红（2000）提出，作为被授权经营机构的国有独资公司，使国有资产授权经营过程中委托代理关系与一般的公司有所区别，存在多层代理、激励约束机制非市场化等问题；丁学东等（2000）通过分析发现国有资产授权经营存在对授权经营理解不一、外部改革不配套、授权工作不明确、对授权经营机构监督不力等问题，相关制度亟待规范。

2.1.2　国有"资本"授权经营的理论探讨

2013年11月党的十八届三中全会正式提出"以管资本为主""进行国有资本授权经营改革"等概念。此后国务院、财政部、国资委持续发布相关改革政策并出台授权放权清单，国有资本授权经营相关研究逐渐引起国内学者的关注。

对于国有资本授权经营，张林山等（2015）认为，要在明确不同类型国有资本和企业功能定位的基础上，坚持"管资本为主"，理清监管者、资本运营者和企业管理者三类主体之间的职能关系，创新监管体系。马忠等（2017）认为，构建以管资本为主的国有资本授权经营体系是当前国资国企改革的重点内容。高明华（2019）针对国有资本授权的一些模糊认识，从谁来授权、授权什么、如何授权、如何接受授权四个方面进行了理论探讨。

已有文献主要针对改组、新建两类公司的现实意义、功能定位、组建原则以及运作机制等方面进行了理论层面的探索研究。

（1）改组组建两类公司的现实意义

已有文献普遍认为，国有资本授权经营制度改革通过改组组建两类公司，使其在国资委或者政府直接授权范围内履行国家出资者职能，有助于实现国家战略目标，如优化国有资本配置和推动产业结构升级（王曙光、徐余江，2017）；两类公司相当于在国资监管部门与国有企业之间增设一个"隔离层"，有助于促进政企分开、政资分开（胡锋、黄速建，2017；文宗瑜、宋韶君，2018；徐文进，2020）。

（2）两类公司的功能定位

部分文献支持差别论，认为两类公司应该在功能设置、投资对象、运营模式等方面存在较大的不同。而陈道江（2014）则认为两类公司之间不存在本质上的差别，它们都是代为履行出资者职能的重要市场性载体，胡锋和黄速建（2017）通过调研发现，有些省市（如山东、上海）并没有对两类公司进行职能区分。

（3）两类公司的组建原则

现有文献普遍支持分类原则（柳学信，2015；马忠 等，2017；胡锋、黄速建，2017；何小钢，2018），认为投资公司应该在原有公司的基础上进行改组设立，而运营公司应该采用新建的方式成立。此外，中国社会科学院工业经济研究所课题组（2014）强调理顺国有资产监管部门、中间层公司、出资企业三者间的关系是组建工作需要重点解决的问题。

（4）两类公司的运作机制

运行机制研究尚处于探索阶段，已有文献主要围绕理顺双层代理关系，完善公司治理、引入市场化运作机制等方面展开，提出国资监管部门应转变监管角色定位和监管理念，强调剥离国资委的企业管理职能，让国家投资企业拥有充足的自主权。两类公司应该在理清自身与国资监管机构、出资企业之间的权责关系的基础上，通过积极落实董事会职能和完善激励约束机制来优化出资者治理机制（王曙光、杨敏，2018）。张宁和才国伟（2021）将两类公司视作连接国资委和国有企业的重要纽带，并采用扎根理论研究的方法总结了其发挥作用的双向治理路径模式，强调了企业能力在授权放权中的决定性作用。

2.1.3 国有"资本"授权经营的实证检验

对于国有资本授权经营制度改革的作用，现有文献的讨论相对较少，主要可以划分为投资效率、创新效率以及企业绩效三个方面。在投资效率方面，陈艳利和姜艳峰（2021）通过研究指出，这一改革对于国有企业的非效率投资行为具有显著的抑制作用。在创新效率方面，王凯和王辰烨（2023）发现，这一改革有助于提高国有企业的创新产出水平。而在企业绩效方面，李端生和宋璐（2020）、肖土盛和孙瑞琦（2021）、陈艳利和戚乃媛（2023）的研究均表明，这一改革对提升国有企业的整体绩效有积极影响。此外，还有部分文献发现，国有资本授权经营制度改革可以提升国有企业自愿性信息披露的质量（王雪 等，2023），提高薪酬业绩敏感性（卜君、孙光国，2021）。这些文献普遍认为，减少政府干预与抑制管理者机会主义是决定改革作用发挥的重要机制（陈艳利、姜艳峰，2021；肖土盛、孙瑞琦，2021；陈艳利、戚乃媛，2023；王雪 等，2023），并且行业竞争、公司类型以及政治层级等因素会对改革作用产生重要影响（陈艳利、姜艳峰，2021）。

2.1.4 评述小结

早期研究主要集中在"资产授权"层面的理论分析，随着其固有局限的逐渐暴露，国有资本授权经营研究逐渐成为学术界关注的焦点话题。目前关于国有资本授权经营的研究主要采用规范分析的方法，辅以简单的案例研究。内容上围绕制度改革的现实意义、授权经营模式以及两类公司的功能定位、组建方式、运作机制等方面进行了理论层面的探索性研究。并且这些研究倾向于对已有政策的反复归纳和解读，对于国有资本授权经营的本质科学问题与核心的作用机制缺少明确的解释，缺乏一个系统的理论分析框架；关于国有资本授权经营制度实施效果的实证检验较少，企业融资行为视角的研究有待补充和拓展；在作用效果分析方面，多关注授权放权对促进国有企业政企分开、政资分开等方面的积极作用，对于可能引发的具有负面影响的管理层非期望代理行为的关注不足。

2.2 国有企业融资行为影响因素的研究

本部分主要对企业融资行为的影响因素进行文献综述，根据前文的概念界定，具体对企业负债水平、资本结构动态调整以及融资效率三个方面的文献进行梳理与总结。

2.2.1 企业负债水平的影响因素

企业负债水平是衡量企业财务健康状况的重要指标，它反映了企业资本结构中的债务比重。近年来，随着市场经济的发展和企业经营环境的变化，企业负债水平及其影响因素受到了广泛关注。现有文献对企业负债水平影响因素的研究较为丰富，发现企业获利能力、企业规模、董事会改革、高管变更、管理者过度自信、企业数字化、集团控制（陆正飞、辛宇，1998；余明桂 等，2006；汪玉兰 等，2020；高雨辰 等，2021；刘云华、任广乾，2024；秦帅 等，2024）等企业内部治理特征，以及金融监管、绿色信贷政策、利率市场化改革、产品市场竞争（余明桂 等，2006；李青原 等，2015；郑曼妮 等，2018；薛俭、朱迪，2021；洪金明、袁一辰，2024）等外部资本市场特征，会对企业的负债决策和负债水平产生重要影响。对于国有企业，早期文献主要对国有企业负债的特征、成因、危害以及改善途径进行了理论性探讨（张晓文、白二平，1998；刘银国、席玉玲，2002）。近年来，随着国家层面去杠杆政策的提出，越来越多的文献开始采用实证方法对国有企业去杠杆的实现途径进行考察。现有文献发现，非国有股东治理、隶属关系变更等因素会促进国有企业去杠杆（陈艳利、钱怀安，2021；马文涛等，2023）。

2.2.2 企业资本结构动态调整的影响因素

已有文献证明，由于在实际中总是存在税收、破产成本、代理成本等因素，企业价值会受到资本结构的影响，证明企业存在最优的目标资本结构，而且大量的研究证明，企业会以最优资本结构为目标来调整自身实际的资本结构水平，以此实现改善企业价值和未来经营状况（Graham and Harvey，2001；Drobetz and Wanzenried，2006；Byoun，2008）。在经营发展过程中，企业的静态资本结构和资本结构的动态调整受到多种因素的影响，已有文献发现企业成长性、企业规模、盈利能力、对权益融资的依赖程度、股权结构、股权激励、高管背景特征、股东诉讼（Banerjee et al.，2000；Lööf，2004；Drobetz and Wanzenried，2006；Nguyen et al.，2020；肖作平，2004；童勇，2004；周业安 等，2012；盛明泉 等，2016；戴雨晴、李心合，2021；张博 等，2021）等企业特征和内部公司治理机制，以及宏观经济周期、法律体系、金融体系、市场化发展、媒体报道、政策可预见性等外部治理因素（Hackbarth et al.，2006；Öztekin and Flannery，2012；赵兴楣、王华，2011；姜付秀、黄继承，2011；于蔚 等，2012；黄继承 等，2014；林慧婷等，2016；郑曼妮 等，2018；黄俊威、龚光明，2019；连玉君 等，2020；彭俊超，2021）能够影响企业资本结构的动态调整速度和实现的最终水平。

2.2.3 企业融资效率的影响因素

对于融资效率的影响因素，已有文献主要可以划分两类：一类是企业外部资本市场环境因素，另一类是企业基本财务特征和公司治理要素。关于企业外部资本市场环境因素，包括影响融资效率的金融生态环境（魏志华 等，2012）、中央银行制度（黄振、郭晔，2021）、银行信贷筛选和定价能力（孙

会霞 等，2013）、融资监管力度（赵峰 等，2021）、通货膨胀程度（李青原 等，2015）、政府补贴（耿成轩、曾刚，2019）、政府治理（祁怀锦 等，2019）、贸易摩擦（程小可 等，2021）等。

关于企业基本财务特征和公司治理要素，包括资产负债率、营业收入增长率、非流通股比例、资金流动能力（黄辉，2009；耿成轩、曾刚，2019）等企业基本财务特征，以及会计稳健性（吴娅玲，2012）、信息披露质量（Botosan and Plumlee，1997，2002；Sengupta，1998；Chen et al.，2003）、企业社会责任的履行状况（曹亚勇 等，2013）、产权性质（邹辉霞、刘义，2015）、内部控制质量（王艺霖、王爱群，2014；张海君，2017）、董事会独立性、股权集中度、股权激励等公司治理要素（Himmelberg et al.，2002；Anderson et al.，2004；齐绍洲，2007；胡援成、田满文，2008；陈榕、蒋琰，2008）。总的说来，已有文献证明公司治理水平的提高有助于促进企业融资成本降低和投资收益水平提高，进而促进融资效率的提高（Ashbaugh et al.，2004；Khurana and Raman，2004；沈艺峰 等，2005；肖作平，2007；姜付秀 等，2008；蒋琰，2009）。

2.2.4　评述小结

企业的融资行为本身是一个复杂的过程，涉及政府、股东、债权人及企业管理层等各利益相关方的利益获取。近些年来，关于企业融资行为影响因素的研究十分丰富，总结而言，可以划分为外部治理环境和内部公司治理机制两大类，但是关于国资国企改革政策对国有企业融资行为影响的研究相对较少。促进国有资本配置结构优化和配置效率提升一直是国有资本授权经营制度改革的重要目标，现实中的改革试点数据是否能够支持此预期？其发挥关键作用的路径是什么？相关探究具有一定的理论和现实意义。

2.3　政府放权改革效果的研究

国有资本授权经营制度改革在过去的放权让利改革、产权改革等国资国企改革经验的基础上产生，又具备新时代管资本的独有特点。自1978年改革开放以来，国有企业改革经历了四个阶段，各改革阶段所重点解决的问题与改革的表现形式各不相同，但是政府对国有企业授权放权力度的增强一直贯穿改革的全过程。其中具有代表性的改革举措有放权让利改革和国有企业改制，并形成了代表政府放权意愿的国有企业金字塔结构。这与国有资本授权经营的研究主题较为相关。所以，本节针对这些改革举措的效果与影响因素研究进行文献综述，学习和借鉴这些文献的研究结论和经验总结，为后文的研究设计和政策建议提供思路启发。

2.3.1　放权让利改革的效果与影响因素

在1978年之前，国有企业在中国工业部门的各个方面都处于主导地位，存在"政企不分、社企不分""权力过分集中""吃大锅饭"等问题，国有企业的生产积极性和创造性存在很大不足。对此，政府一方面通过"简政放权"为企业松绑，逐步取消中央计划职能，赋予国有企业经营自主权；另一方面从分配入手，通过"企业分利""利改税""承包制"等行动来调动经营者的生产热情。放权让利改革在短时内提高了国有企业的生产率，主要原因是奖金计划和其他激励措施提高了工人的生产积极性，管理层的自主决策权逐渐扩大（Li，1997；Groves et al.，1994；项安波，2018），但是由于并未有效实现"政企分离"，政府对国有企业过多的行政干预仍然阻碍着国有企业效率的提升（Xin and Pearce，1996；Qian，1996；钱颖一，1995）。在20世纪90年代中期，随着市场化改革的推进，发生亏损的国有企业占比超过40%（Lin et al.，1998）。

2.3.2　国有企业改制的效果与影响因素

在我国，改制的内涵比较广泛，国有企业的公司制改革、政府下放国有企业控制权、股权多元化、IPO等可以被称为改制（刘小玄、李利英，2005）。国外文献中经常提到的私有化、部分私有化也是改制的一种表现形式。

对于改制的经济后果，国外经济学家普遍认为私有化可能是改善国有企业绩效最有效的途径（Megginson et al.，1994；Shleifer and Vishny，1994；Dewenter and Malatesta，2001；Djankov and Murrell，2002），他们认为私人投资者比国有企业所有者更有动力去最大化企业价值。中国在20世纪90年代初开始了以股份发行、非流通控股转让、股权分置改革为核心内容的国有企业改制。已有文献通过上市公司的数据实证证明这些改制举措能够在一定程度上提高国有企业生产率和盈利能力（Sun and Tong，2003；Chen et al.，2008；Liao et al.，2014）。但是由于在改制过程中仍然保留了较大比重的国有股、缺乏有效的审计机制以及产生了较为严重的管理层代理问题等原因，改制仅取得了有限的成功（Sun and Tong，2003；白重恩 等，2006；张先治、蒋美华，2008；刘慧龙 等，2012）。

管理层的代理问题是影响改制效果的重要因素，例如Shleifer and Vishny（1993）发现在部分私有化期间，国有企业管理者可能会压低出售给私人投资者的股票价格以便于日后提取私人租金。赵世勇和陈其广（2007）发现，管理层集体持股或收购的改制模式对企业技术效率提升具有显著的正效应。Gan等（2018）发现，在中国采用管理层收购方式进行私有化的公司绩效得到显著改善，而其他方法在统计上的效果并不显著。

2.3.3　国有企业金字塔结构与政府放权

放权让利、建立现代企业制度、抓大放小等改革使得国有企业的组织结构发生了巨大的变化，特别是在市场化水平较高的环境中，金字塔结构能够降低政府对地方国有企业的行政干预。Fan等（2013）发现，国有企业金字塔式股权结构是中国政府以对所控制企业放权（减轻干预）为目的的组织结构安排，有助于降低政府对处于金字塔结构底端国有企业的行政干预程度，进而能够促进公司管理专业化和经营效率的提升。程仲鸣等（2008）、刘行和李小荣（2012）的研究也得出类似结论，实证发现当金字塔层级越多时国有上市公司受到的行政干预程度越低，其实际税负越低、过度投资现象也越少。另外，虽然金字塔结构让国有企业在承诺降低政府干预方面更有可信度，但是戚聿东和张任之（2019）通过数据统计发现，目前国有企业的金字塔结构链条已过于冗长，表明国有企业金字塔结构的层级将难以无限扩大且调整的灵活性较差，通过此途径进一步扩大政府放权力度的作用空间有限。

2.3.4　评述小结

已有文献证明，放权让利改革、国有企业改制和国有企业金字塔结构都在一定程度上提升了国有企业效率，这些改革举措成功的关键在于能够有效减少政府过多的行政干预。但是由于存在出资者缺位和激励约束机制不健全等问题，产生了管理层利用手中的控制权和改革的东风谋取个人利益的非期望代理行为。加之政企不分、政资不分等问题没有得到根本性解决，这些政府授权放权改革举措仅取得了有限的效果。资本层面的授权放权是国有资本授权经营制度的核心内容，不仅能够直接减少政府对国有企业的行政干预，还涉及管理层权力的直接增大，由此可能引发的具有负面影响的非期望代理行为需要重点关注。

2.4 政府干预对国有企业融资行为的影响研究

现代企业理论认为，遭受过多的行政干预是导致国有企业效率损失的重要原因（Shleifer and Vishny，1994；Lin et al.，1998；Wong，2016；徐晓东、陈小悦，2003；谭劲松 等，2012），造成了国有企业的政策性负担，阻碍了市场在资本配置中发挥决定性作用，造成资本配置效率损失（罗德明等，2012；罗知、张川川，2015；靳来群 等，2015；李艳、杨汝岱，2018；戚聿东、张任之，2019）。本节主要从政府干预与国有企业负债水平、国有企业资本结构动态调整以及国有企业融资效率三个方面进行文献的梳理与总结。

2.4.1 政府干预与国有企业负债水平

"政企不分"容易使国有企业陷入政府意志与市场理性选择的矛盾之中，导致国有企业杠杆治理失效。一方面，政府为了达成保障就业、推动经济增长等公共管理目标，可能会采取措施影响企业资源的配置，导致国有企业承担起完成政治任务的政策性负担（林毅夫、李志赟，2004），不仅增加了资金需求，而且容易产生负债过高问题（綦好东 等，2017）。另一方面，在成熟的资本市场中，信贷融资在公司治理中扮演着重要的角色（田利辉，2005；Brandt and Li，2003）。但是在预算软约束理论下，为避免国有企业亏损或者破产清算，中国政府会引导银行（特别是国有银行）的信贷审批规则，为承担了政策性负担的企业提供贷款便利（Sapienza，2004；方军雄，2007；余明桂、潘红波，2008）。这使得国有企业优先获得了大量的长期债务融资（Giannetti，2003；黎凯、叶建芳，2007）以及优惠的债务融资成本（Khwaja and Mian，2005；Faccio，2006），导致了国有企业负债率过高，甚至出现"过度负债"问题（Dong et al.，2014；綦好东 等，2018）。Li 等（2009）发现国有股给企业债权融资带来了优势，Qian 等（2009）、黄辉（2009）也发现国有企业更容易得到银行的贷款，它们相比非国有企业负债率更高。另外，肖泽忠和邹宏（2008）发现，国有企业借助政府的隐性担保更容易从银行取得债务融资。

2.4.2　政府干预与国有企业资本结构动态调整

Qian等（2009）研究发现，由于具有负债融资的便利性且由此带来的硬约束作用不显著，国有企业管理者为了扩大企业规模和增加手中控制权有较强的动机进行更多的负债融资，从而使得实际资本结构越来越偏离其理想状态；赵兴楣和王华（2011）发现，政府控制一方面为国有企业带来了股权限制，另一方面也使得企业享受了债务融资的优势，导致国有股权对资本结构调整速度的影响呈现倒U型；盛明泉等（2012）、钟宁桦等（2016）立足中国特定的制度环境，认为国有企业因承担政策性负担而对资本结构的优化调整具有负向影响。

2.4.3　政府干预与国有企业融资效率

融资成本和投资回报率是企业进行融资决策时需要重点考虑的要素。在投资回报率方面，已有文献普遍认为国有企业一直面临着政企不分、政资不分问题（凌文，2012；李文贵 等，2017；项安波，2018），造成了国有资本经营效率损失（Lin et al.，1998；林毅夫、李志赟，2004）；在融资成本方面，在政府干预的情况下，由于承担政策性负担，政府会为国有企业提供资金和政策上的支持，这会降低投资者对企业的风险评估，促使国有企业以较低的成本获得负债融资，而资金的使用效率却不高（程仲鸣 等，2008）。徐浩萍和吕长江（2007）提出，行政介入对公司股权资本的影响可能具有双重效应，其中一种被称为"可预期效应"，认为政府干预和寻租行为会增加企业经营风险、财务风险和政治风险，进而导致企业权益资本成本上升；另一种是"保护效应"，认为政府利用行政权力能够为国有企业带来资源倾斜优势，比如获得优先上市资格、享受政府补贴和援助等待遇。这能够在一定程度上降低企业面临的经营、财务风险。最后实证发现政府干预会提高非国有企业的权益资本成本，而对地方国有企业的保护效应较强。肖浩和夏新平（2010）、李昕潼和池国华（2017）实证发现政府干预会显著提高国有企业的权益资本成本。

2.5 内部人控制对国有企业融资行为的影响研究

国有企业存在"内部人控制"特征，损害了国有资本配置决策的有效性（陈冬华 等，2005；权小锋 等，2010；马连福 等，2012）。本节将从内部人控制与国有企业负债水平、资本结构动态调整以及融资效率三个方面进行文献梳理与综述。

2.5.1 内部人控制与国有企业负债水平

现有研究表明，由于国资监管机构代为履行国家出资者职能，并且这个机构具有行政属性以及受监管资源有限性的约束，其在公司治理中并不是积极的监督者。同时由于国有企业的所有权结构涉及多层委托代理，并缺乏完善的约束机制，这使得其对管理层的监督难以实现（马连福 等，2012）。在此情况下，国有企业管理层为从政治晋升"锦标赛"中胜出，或基于满足自身的"帝国"建造、在职消费等意图，有动机进行过度投资等短视行为（董红晔、李小荣，2014；郭宏 等，2020），容易导致企业的资金支出超过实际所需资金。而且，预算软约束弱化了杠杆治理对国有企业非效率投资的约束作用，提高了管理者对偿债压力的乐观性，容易做出激进负债决策（Qian et al.，2009；肖泽忠、邹宏，2008），进而引发高负债问题。

2.5.2 内部人控制与国有企业资本结构动态调整

现有研究认为，内部人控制问题是造成国有企业资本结构不合理的重要原因。由于出资人职能的缺失以及委托代理关系的多层次性，国有企业的管理层在行为上往往缺乏必要的约束，引发了频繁出现的道德风险事件（张敏等，2010；郭宏 等，2020）。这些状况降低了管理层根据企业的目标资本结构来调整资本配置的积极性（盛明泉 等，2012），使得国有企业的资本结构常常与理想的状态有所偏差（盛明泉 等，2012；何瑛 等，2023；罗栋梁、李克思，2023），这不利于实现国有企业价值的最大化。

2.5.3 内部人控制与国有企业融资效率

融资成本和投资回报率是影响企业融资效率的关键要素。在投资回报率方面，已有文献普遍发现国有企业非效率投资、在职消费变相私有化等内部人控制问题造成国有企业经营效率损失（Zhang，1997；陈冬华 等，2005；权小锋 等，2010；马连福 等，2012）；在融资成本方面，已有文献发现管理层的代理问题较为严重时，投资者会对此类企业要求获得较高的风险溢价，导致资本成本上升。例如，债务资本成本一般与债务违约风险呈正向作用关系，而代理问题会增加企业的债务违约风险（Bhojraj and Sengupta，2003）；Lazear 和 Rosen（1979）、林芳和冯丽丽（2012）、周嘉南和雷霆（2014）发现当管理层权力越高时企业的代理冲突越大，此时经营风险就越高，进而导致投资者要求较高的权益资本成本。当内部人控制问题较为严重时，会对企业的投资效率和风险管控效率产生负向影响，导致权益资本成本过高（李昕潼、池国华，2017）。

2.6 文献评述

当前，学术界在探讨国有资本授权经营问题时，普遍运用规范性分析手段，对制度变革的重要意义、授权经营模式以及两类公司的功能定位、组建方式、运作机制等方面进行了理论层面的探索性研究。并且倾向于对已有政策的反复归纳和解读，而对于国有资本授权经营的本质科学问题与核心的作用机制缺乏明确的解释和系统的理论分析框架，并且较少有研究采用实证的方法对制度的实施效果进行检验；研究视角上比较单一，局限于对改组组建两类公司的讨论，且多关注授权放权对促进国有企业政企分开、政资分开等方面的积极作用，对于可能引发的具有负面影响的管理层非期望代理行为的关注不足，监管部门难以系统地审视国有资本授权经营制度的作用效果和不足。

已有文献对企业融资行为影响因素的研究十分丰富，总结而言可以划分为外部治理环境和内部公司治理机制两大类；已有文献对于国有企业融资行为问题成因的讨论各有侧重点，但总结而言可以划分为政府干预和企业内部人控制两个方面；目前关于国资国企改革政策对国有企业融资行为影响的研究相对较少，尚未涉及国有资本授权经营的影响研究。

已有文献证明，放权让利改革、国有企业改制和国有企业金字塔结构都在一定程度上提升了国有企业效率，这些改革举措成功的关键在于能够有效减少政府过多的行政干预。但是由于存在出资者缺位和激励约束机制不健全等问题，产生了管理层利用手中的控制权和改革的东风谋取个人利益的非期望代理行为。在国有资本授权经营制度中，资本层面的授权放权是其关键组成部分。这种措施不仅可以有效降低政府对国有企业的日常行政干预，还涉及管理层权力的直接增大，由此可能引发的具有负面影响的非期望代理行为需要重点关注。

国有企业融资行为问题一直是国资国企改革的老大难问题，同时也是国有资本授权经营制度改革所致力于解决的目标问题之一。本书创新性地将两者纳入统一的研究框架，从国有企业融资行为的现实问题出发，选择负债水平、资本结构动态调整以及融资效率三个角度，理清国有资本授权经营与国有企业融资行为的内在逻辑，对国有资本授权经营的作用进行实证考察。相关研究具有一定的理论和现实意义。

3　国有资本授权经营的制度背景分析

由于授权放权贯穿了国有资本授权经营制度改革的全过程，同时也是影响国有企业改革的核心手段，本章首先从放权改革的视角对国有企业改革的历史沿革进行系统的梳理和总结，了解国有资本授权经营制度改革的历史渊源。然后进一步从改革历程、政策梳理、试点概况以及核心举措四个方面对国有资本授权经营的制度背景进行分析与论述，以揭示国有资本授权经营的基本内容，明确其在资本配置方面的改革目标，提炼国有资本授权经营的核心改革举措。

3.1　国有企业放权改革的历史沿革

图3-1展示了国有企业改革的历史沿革，从中可以看出政府授权放权一直是国有企业改革的重心之一。

第一个阶段（1978—1992年）的基本的思路是"放权让利"，其目的是激励企业自主经营、自负盈亏，增强企业的经营自主性，释放企业创造活力。最早的改革政策核心是行政分权和利润保留（放权让利），大多数国有企业的控制权从中央政府转移到地方政府，允许国有企业保留收益并用于向员工发放奖金、福利和进行发展投资，国有企业开始有了自主发展的动力。然而，由于这种利润保留制度使国有企业出现了与政府讨价还价、隐瞒利润等有损国家利益的行为，政府又进行了两项改革：要求把国有企业之前的利润上缴转变缴纳税费（利改税）和将其资金来源从政府拨款改为银行贷款（拨改贷）。在这两项政策未能达到预期效果后，实行了国有企业向国家交付承诺收入并保留剩余收益的承包经营制度（承包制）。

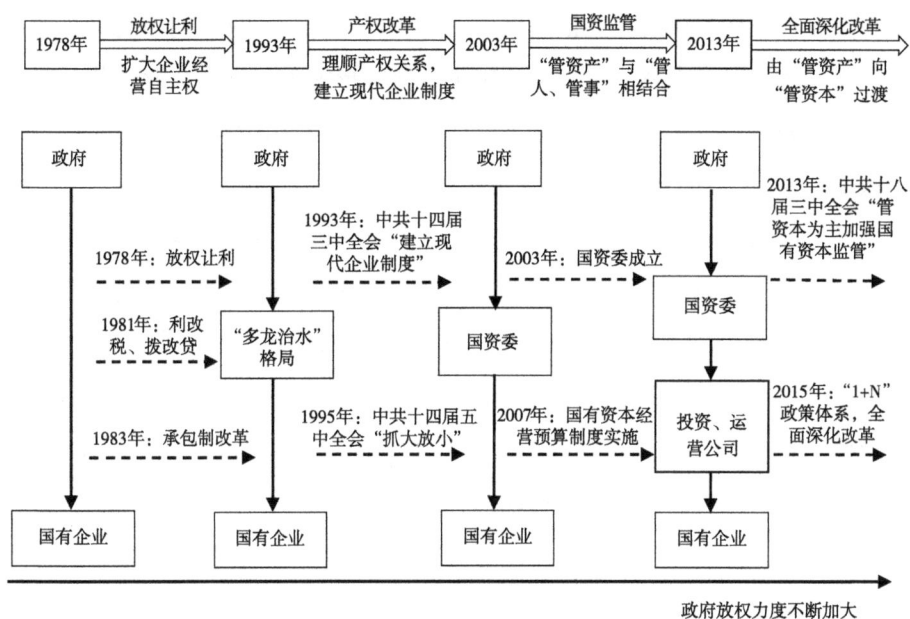

图3-1　国有企业改革的历史沿革

　　第二个阶段（1993—2002年）的重头戏是"产权变革"，政府试图通过建立现代企业制度促进政企分开（建立现代企业制度），对大型国有企业进行公司制和股份制改革，并且将中小型国有企业出售给私人并保留大型国有企业（抓大放小）。在此过程中，从政府部门分离出来的部分国有资产成立了新的公司；政府对国有企业的控制链条变长；国有企业的实际运营权下放至国有资产管理公司或类似职能企业，企业效率得到一定程度的提升。但是，由于内部人控制问题的存在，许多盈利的国有企业被私有化或被剥离有效资产，剩余的大型国有企业仍然面临着产权界定不清和软预算约束持续存在的激励问题。

　　第三个阶段（2003—2012年）为以国资委成立为标志的"国资监管"阶段。政府将出资者权利授权给国资委，形成了"管资产"与"管人、管事"相结合的国有资产管理体制。2007年国有资本经营预算制度正式实施，国有企业不再缴税留利，而是按照特定比例向国家分享收益。但是，国资委等国资监管机构对国有企业依然保留了一些重要的决定权，例如能够通过人事任免、官员晋升考核、重大投资决策审核等形式干预国有企业经营，部分国有企业凭借市场垄断地位谋取不公平超额利润，影响着我国市场的资源配置效率。

经过前三个阶段渐进形式的国有企业改革，国有企业基本建立了现代企业制度，但也步入了艰难前行的"深水区"。国有资产监管还存在越位、错位和不到位现象，政企不分、政资不分、所有权与经营权不分问题仍然存在。国有企业中存在的"所有者缺位"问题，阻碍了其现代公司治理结构的有效建立和顺畅运作。正是在这种背景下，2013年11月，党的十八届三中全会宣布了要进行国有资本授权经营制度改革的决策。

3.2 国有资本授权经营的改革历程

国有资产经营管理模式和效率直接影响着国有企业资本经营效率的提升。在国有资产管理方面，自1978年改革开放以来，中国不断探索和创新授权管理方式，在这一过程中，授权内容、授权层级和监管形态逐渐发生了变化，如图3-2所示：授权内容由"管资产"转变为"管资本"，监管形态也实现了由"实物形态"到"价值形态"的转变；出资人代表机构由"党中央"逐渐过渡到"国务院""国资委"再到"两类公司"，国有企业管理职能与政府的行政监管职能逐渐实现分离。

"国有资本授权经营"的前身是"国有资产授权经营"。随着1978年我国经济体制改革的推行，深圳作为试点城市之一，率先成立投资管理公司，这是国有资产授权经营制度改革的萌芽。在总结相关改革实践经验的基础上，1992年9月，《关于国家试点企业集团国有资产授权经营的实施办法（试行）》（国资企发〔1992〕50号）出台，规定"国有资产授权经营是指由国有资产管理部门将企业集团中紧密层企业（集团公司）的国有资产统一授权给核心企业经营和管理"。1996年9月，《关于企业集团国有资产授权经营的指导意见》（国资企发〔1996〕115号）对相关概念、目的和范式做出了进一步的明确，提出"其实质是通过政府授权持股方式对集团企业进行产权重组"。

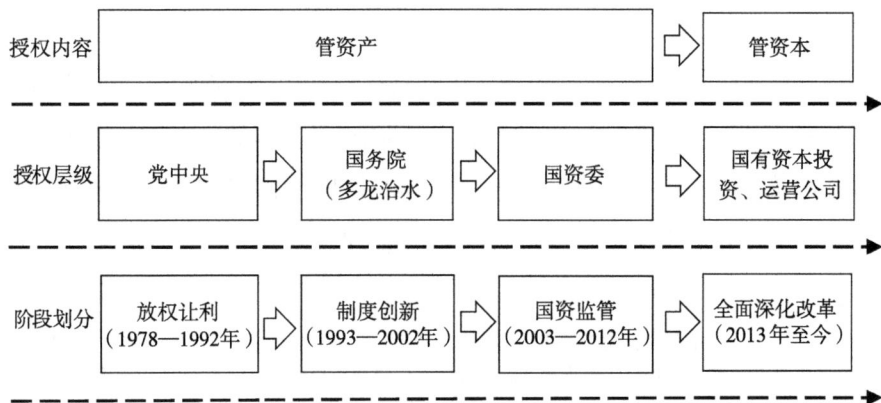

图3-2　国有资产经营管理模式的历史变革

2003年国资委成立之后，国有资产授权经营进入深入发展阶段。但是，由于国有资产管理模式仍然停留在"资产授权"层面，造成国有企业的所有权和经营权没有完全分离。国资监管机构对国有企业的行政性干预比较多，甚至影响到了二级、三级公司，由此引发的国有资本配置效率偏低等问题亟待解决[①]。例如，部分省市的国资委主任由省长指定的政府官员兼任，省长直接越过国资监管机构与国有企业签订授权合同；国资监管部门的行政气息过浓，其在对国有企业履行监管职能时过多地考虑了政府的社会管理目标，造成了国有资本经营效率损失；副厅级以上的省属国有企业的领导班子成员受到省级政府的直接管理，预算决算、重大投资以及资产处置等决策需要报给国资监管部门审批同意；国有企业的高层管理人员一般由党委、政府和国

---

① 资料来源：2018年1月中企之声研究院院长李锦答《华夏时报》记者问"40年前的十一届三中全会就提出'给企业自主权'，为什么长期以来经营性国有资产的运营效果总是不理想"。

资监管部门直接任命和管理；国有企业董事会未能充分获得和落实有关公司治理的完整的人权和事权，特别是高管选聘职能未能有效落实。

3.3　国有资本授权经营的政策梳理

随着国有企业改革的深化推进，国有资产授权经营过程中存在的固有问题逐渐暴露。在此背景下，2013年11月，对国有企业实施的国有资本授权经营制度改革政策被正式宣布。此后，国务院、财政部、国资委持续发布相关政策。本节对相关政策文件信息和主要内容进行了梳理与总结，具体见图3-3。

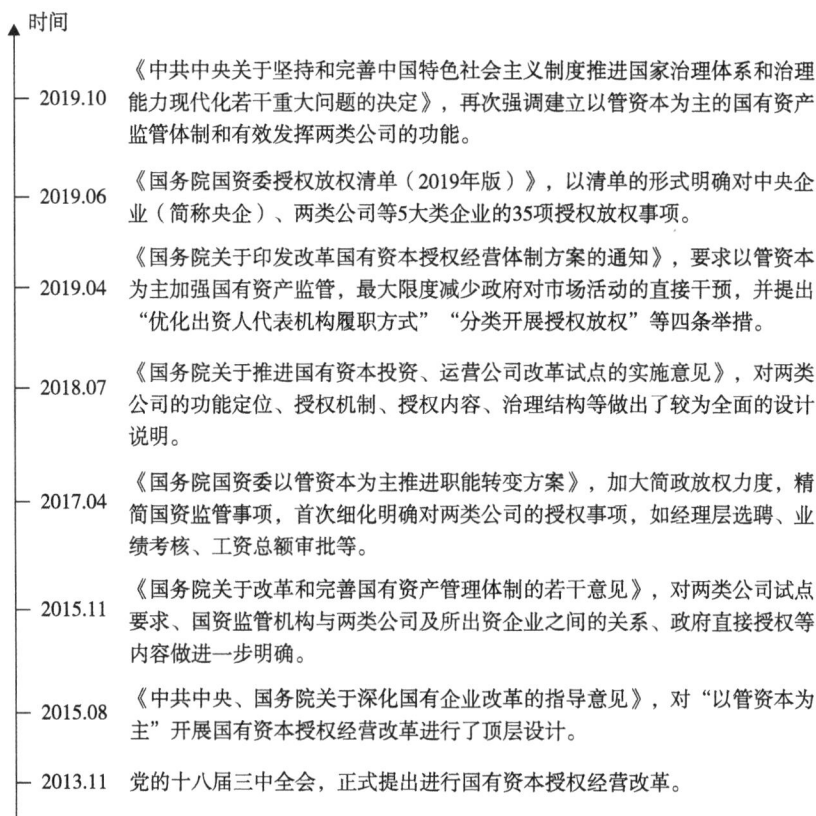

时间	
2019.10	《中共中央关于坚持和完善中国特色社会主义制度推进国家治理体系和治理能力现代化若干重大问题的决定》，再次强调建立以管资本为主的国有资产监管体制和有效发挥两类公司的功能。
2019.06	《国务院国资委授权放权清单（2019年版）》，以清单的形式明确对中央企业（简称央企）、两类公司等5大类企业的35项授权放权事项。
2019.04	《国务院关于印发改革国有资本授权经营体制方案的通知》，要求以管资本为主加强国有资产监管，最大限度减少政府对市场活动的直接干预，并提出"优化出资人代表机构履职方式""分类开展授权放权"等四条举措。
2018.07	《国务院关于推进国有资本投资、运营公司改革试点的实施意见》，对两类公司的功能定位、授权机制、授权内容、治理结构等做出了较为全面的设计说明。
2017.04	《国务院国资委以管资本为主推进职能转变方案》，加大简政放权力度，精简国资监管事项，首次细化明确对两类公司的授权事项，如经理层选聘、业绩考核、工资总额审批等。
2015.11	《国务院关于改革和完善国有资产管理体制的若干意见》，对两类公司试点要求、国资监管机构与两类公司及所出资企业之间的关系、政府直接授权等内容做进一步明确。
2015.08	《中共中央、国务院关于深化国有企业改革的指导意见》，对"以管资本为主"开展国有资本授权经营改革进行了顶层设计。
2013.11	党的十八届三中全会，正式提出进行国有资本授权经营改革。

图3-3　国有资本授权经营改革历程

根据图3-3的政策梳理可知，自2013年以来，国有资本授权经营制度改革的相关政策设计不断得到细化和完善。其以资本层面的授权放权为核心机制，通过改组组建两类公司，促使政府与国有企业之间的出资关系得到明确和优化管理，推进国有资产监管机构职能由"管资产"向"管资本"转变，并致力于赋予国有企业更多经营自主权，能够切实减少对国有企业的行政干预。

在国有资本授权经营制度改革目标方面，相关政策文件一直都将促进国有资本配置结构优化和资本配置效率提升作为改革的重要目标之一，本节对此进行了梳理总结，如表3-1所示。

表3-1　国有资本配置相关政策规定汇总

时间	制定主体	政策名称	资本配置目标相关表述
2015 年 8 月	国务院	关于深化国有企业改革的指导意见	"（十三）以管资本为主改革国有资本授权经营体制。……优化国有资本布局结构……"
2015 年 11 月	国务院	关于改革和完善国有资产管理体制的若干意见	"四、提高国有资本配置和运营效率……"
2017 年 4 月	国务院国资委	以管资本为主推进职能转变方案	"（一）强化管资本职能，落实保值增值责任。……调整优化国有资本布局……"
2018 年 7 月	国务院	关于推进国有资本投资、运营公司改革试点的实施意见	"（二）试点目标。……促进国有资本合理流动，优化国有资本投向……提高国有资本配置和运营效率……"
2019 年 4 月	国务院	改革国有资本授权经营体制方案的通知	"……推动国有经济布局结构调整……"
2019 年 6 月	国务院国资委	授权放权清单（2019 年版）	"授权董事会决定在年度投资计划的投资规模内……"

3.4 国有资本授权经营的试点概况

在实践层面，两类公司试点是改革国有资本授权经营制度的重要载体和代表性标志。在中央层面，中粮集团、国投公司在2014年7月先行开展投资公司试点工作，随后神华、中国五矿、宝武、招商局、中交、保利6家央企在2016年7月展开试点。2018年12月，第三批11家中央企业进一步纳入试点范围。截至2020年初，中央企业试点数达21家，其中19家是投资公司，2家是运营公司。在地方企业层面，目前已有151家地方国有企业纳入改革试点范围，改革的代表性模式有上海模式、重庆模式、山东模式。通过梳理2019年1月北京、上海、浙江等21个省（直辖市）发布的政府工作报告可以发现，约50%的省（直辖市）已列出改组组建两类公司的具体清单。据统计，国有资本授权经营制度改革在实践中已取得积极成效，其典型特征为国资委将出资者职权充分下放给两类公司，这两类公司在授权范围内履行国家出资者职能，并且在强化公司总部战略管控的基础上对子公司实施进一步的充分授权和完善治理结构。为具体了解国有资本授权经营改革试点情况，本节分别以中粮、国投电力、宝武和诚通为典型案例进行说明。

（1）中粮集团有限公司

中粮集团有限公司（简称中粮），在2014年纳入改革试点，在改革过程中以管资本为主着眼专业化经营，坚持放权搞活，并注重以混合所有制改革为突破口强化公司治理的激励约束机制，推动监督体系从行政监管到资本监管的创新转变，促进企业经营机制的市场化转变。图3-4汇总了中粮进行国有资本授权经营的实践模式。

图3-4展示了中粮集团国有资本授权经营体制链。中粮集团建立了"集团总部资本层—专业化公司资产层—生产单位执行层"集团管控三层架构，其董事会被国资委授予18项出资者权利，涉及资产配置、经理选聘、业绩考核和薪酬激励等多方面权利。集团总部主要承担资本运营职能，以产权管

理为纽带向专业化公司的职业经理人员进一步下放用人权、资产配置权、研发创新权、薪酬分配权和考核评价权五大类关键权力。专业化公司在被授权的基础上依法自主经营，生产单位负责业务的具体生产运营。

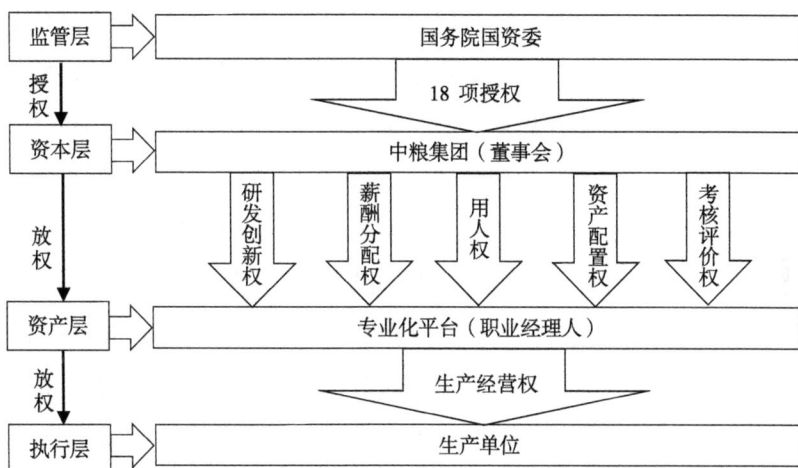

图3-4　中粮集团国有资本授权经营体制链

（2）国投电力控股股份有限公司

国投电力控股股份有限公司（简称国投电力）与中粮集团一起在2014年一起被纳入试点名单。国资委按照"能放则放、应放全放"的原则，将投资决策、部分产权管理和重大事项决策等权利充分授权给董事会。集团总部按照"小总部、大产业"的原则，在职能梳理的基础上只保留股东权责。并且依据子公司的实际经营状况和公司治理完善程度，划分"充分授权""部分授权""优化管理"三种不同的授权管控标准，对子公司进行授权，释放子公司价值创造活力。此外，国投公司根据投资控股公司管理特征，将管理层级设定在三级以内，有效提高了信息传递效率，促使企业集团能够根据市场环境特征及时做出有效的应对决策，促进了企业集团整体资本配置和运营效率的提升。

（3）中国宝武钢铁集团有限公司

中国宝武钢铁集团有限公司（简称宝武）在2016年纳入试点名单，根据"精简高效、权责对等、有机融合"的管理原则，构建了"资本运营—资产经营—生产/服务经营执行层"的三级架构，将集团总部定位为战略投资中心和资本运营中心，将生产经营过程相关的职能回归子公司管理。根据优化后的管理体系，集团公司对部分子公司长投授权，同步配套优化子公司法人治理结构：一方面，集团公司对投资项目实行"战略管控"，侧重"管方向和后评价"，重点做好建章立制、资源配置、项目审查和投后评价环节。集团总部按照"一企一策"的原则制定授权放权体系，子公司侧重项目管理并承担主体责任。另一方面，在完善子公司法人治理结构方面，集团公司对子公司以出资额为限行使股东权利，并通过重点完善董事、监事会建设和经理人市场化选聘机制，完善子公司治理结构，塑造独立的市场竞争主体。2017年，宝武构建了以市场导向和绩效导向为原则，以绩效激励为驱动的战略执行体系，促使企业经营者自我驱动，主动实现国有资本"做强、做优、做大"目标。

（4）中国诚通控股集团有限公司

中国诚通控股集团有限公司（简称诚通），在2016年纳入试点，着力强化"投融资、资产经营、资本运作、股权管理"服务功能，追求在流动中优化资本布局。集团总部以管资本为目的，突出其战略管理、财务管理、风险管理、人力资源配置、资本经营五大能力，强调总部员工的任职能力要求，在纳入试点之初充实了有国有资本运作专长的外部董事。在管理制度完善方面，以"放管结合"为原则，全面修订管理制度，一方面对建立规范董事会的所出资企业加大放权，另一方面制定了严格的监督考核制度。其中，为增强企业活力，强化绩效导向，推进业绩考核、劳动合同管理、效益奖励三项制度改革，充分激发职工的工作热情。此外，诚通通过成立基金管理公司、设立基金等多种方式完善投融资功能，支持中央企业转型升级，服务实体经济发展。

3.5 国有资本授权经营的核心举措

依据政策规定，国有资本授权经营制度改革以"放权授权"为主要策略，主要实施了以下三类改革措施：

（1）通过设立两类公司，重新理清政府与国有企业之间的出资人关系，确保国有资产出资人和监管者职能的明确划分和有效实施。

从法律的角度来看，管资本的核心是管股权，不再涉及企业的具体事务管理，这也意味着把监管者和出资者分开。而在进行国有资本授权经营制度改革之前，国资委同时扮演着出资者和监管者的两种角色，这种自我监管的范式往往导致国有资产经营的低效率。所以，不解决国有企业的政企不分、政资不分问题，国有企业的治理结构就难以实现根本性改善，管资本的国有资产管理体制也无法真正得以实现。针对上述问题，一方面，国有资本授权经营制度以改组组建两类公司作为创新策略，在政府与国有企业之间构建了"隔离区"。这两类公司在政府或国资委授权范围内履行出资者职权，使国有企业的实体经营权与所有权有效分开，主要对所出资企业行使股东职权，不干预其日常的生产经营事项。另一方面，国资监管机构通过授权放权剥离出资者职能，专司国有资产监管，不承担社会公共管理职能。为实现以"管资本为主"转换行政化履职方式，国资监管部门制定监管权力责任清单，大幅度削减行政审批或事前备案规则，节约更多资源和精力来提高监管的科学性和有效性。

在改革实践中，2017年以来国资委推进职能转变和机构调整，减少有关企业经营管理的机构；中粮集团总部主要承担资本运营职能，以产权管理为纽带向专业化公司放权，聚焦主业发展；国投电力在职能梳理的基础上，只保留股东权责；中广核坚持"小总部、大产业、强统筹"原则，通过授权等改革，明确和完善总部职能，优化集团资本配置管控机制，提高资本收益率。

（2）通过实施授权放权策略，减少政府对国有企业的行政性干预，增强企业的自我发展能力，并促进国有资本的市场化运营。

在以往的国有企业改革中，政府在人事任命、官员晋升评估、重大投资决策等方面保有较大的决策权，能够轻易通过行政指令直接影响国有企业决策。改革后，授权放权将减少政府对国有企业的行政干预。授权放权的主要内容涵盖战略规划与主营业务管理、人才选拔与股权激励、薪酬总额与重大财务事项管理等，同时，根据企业的实际情况，可以增加其他授权放权的领域。其中，"授权事项"指的是将原本由国资监管机构行使的出资人权利转交给两类公司的董事会；"放权事项"则涉及将企业依法应自主决策的事务、对子公司事务的决策权下放或归还给企业。在实际的改革试点过程中，政府或国资监管机构将出资者职能以清单的形式明确授予两类公司的董事会，不再是政府直接管理国有企业，推进国有企业建立和完善市场化经营机制。同时，两类公司进一步以资本为纽带在授权范围内对子公司进行层层放权，剥离原有的公共管理职能，促使国有企业经营脱离行政化体系的樊笼。

在改革实践方面，截至2020年6月底，有36个省级国资监管部门颁布了本辖区的监管权力和责任清单，22个地方进行了类似的权责调整。对于中粮集团，"用人、资产配置、生产与研发创新、薪酬绩效考评"五大类权力由国资委向集团总部、专业化公司层层下放；国投电力进行国有资本授权经营改革后，总部专攻承担股东权责，将选人用人权、薪酬分配权等权利"能放则放"，其所出资的国有企业获得了空前限度的自主经营权；宝武集团根据国资委授权，集团公司对子公司从"上级要求"转向"股东意志"，"一企一策"制定授权放权体系，将生产经营职能回归子公司。

本节梳理了与授权放权相关的政策规定，具体内容如图3-5所示。

（3）通过统筹加强股东治理、董事会治理、改进集团管理方式、市场化选拔管理人员等治理优化措施，提升和规范国有企业的实际行权能力。

为了加强和规范国有企业的行权能力，国有资本授权经营制度改革始终将形成有效制衡的法人治理结构，建立灵活高效的市场化经营机制，以及构建规范高效的董事会治理机制等内容作为重要改革内容。同时注意整合内部审计、巡视、纪检监察等各类监督力量来完善国有企业的监督监管体系。其中，为了增强对管理层的激励和约束效应，参与改革试点的国有企业会积极实施经理层的市场化招聘和基于合同管理的用人方式。而且，两类公司会在所出资企业积极发展混合所有制，非国有股东的引进有助于完善公司的股东治理结构、发挥股东对管理层的治理作用。

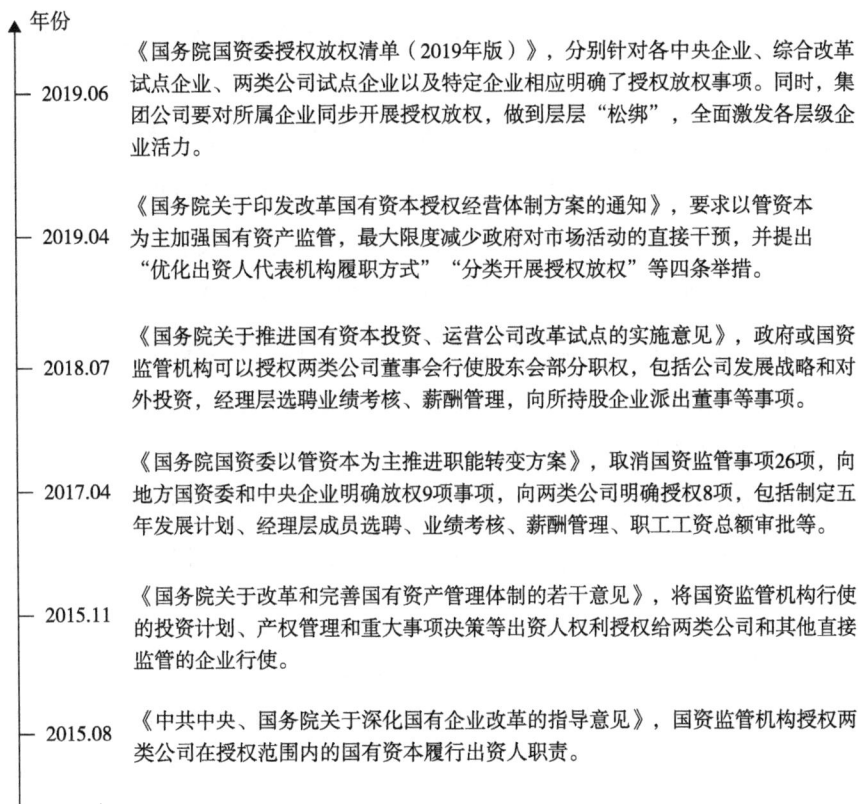

年份

2019.06 《国务院国资委授权放权清单（2019年版）》，分别针对各中央企业、综合改革试点企业、两类公司试点企业以及特定企业相应明确了授权放权事项。同时，集团公司要对所属企业同步开展授权放权，做到层层"松绑"，全面激发各层级企业活力。

2019.04 《国务院关于印发改革国有资本授权经营体制方案的通知》，要求以管资本为主加强国有资产监管，最大限度减少政府对市场活动的直接干预，并提出"优化出资人代表机构履职方式""分类开展授权放权"等四条举措。

2018.07 《国务院关于推进国有资本投资、运营公司改革试点的实施意见》，政府或国资监管机构可以授权两类公司董事会行使股东会部分职权，包括公司发展战略和对外投资，经理层选聘业绩考核、薪酬管理，向所持股企业派出董事等事项。

2017.04 《国务院国资委以管资本为主推进职能转变方案》，取消国资监管事项26项，向地方国资委和中央企业明确放权9项事项，向两类公司明确授权8项，包括制定五年发展计划、经理层成员选聘、业绩考核、薪酬管理、职工工资总额审批等。

2015.11 《国务院关于改革和完善国有资产管理体制的若干意见》，将国资监管机构行使的投资计划、产权管理和重大事项决策等出资人权利授权给两类公司和其他直接监管的企业行使。

2015.08 《中共中央、国务院关于深化国有企业改革的指导意见》，国资监管机构授权两类公司在授权范围内的国有资本履行出资人职责。

图3-5 授权放权改革历程

例如，中粮集团通过混改来完善激励约束机制，推动监督体系从行政监管到资本监管的创新转变，促进企业经营机制的市场化转变；宝武集团加强董事、监事会建设，以市场和绩效导向为原则、以绩效激励为驱动设计战略执行体系，促使经营者自我驱动；国投电力建立派出董事的专职机制，强调董事对其决策终身负责；中远海运集团在加强对子公司董事会的授权时，注重考核体系的协同优化。

3.6　本章小结

通过国有资本授权经营背景资料的梳理与总结，本章主要得出以下结论：

首先，通过政策分析可以发现，两类公司试点与国有资本授权经营制度改革并不是同一概念。国资监管部门以这两类公司为过渡性的平台，剥离了对国有企业的直接管理职能。这两类公司在授权范围内代表国家行使出资人的权利，并且需要进一步将经营决策权下放到子公司，这是推动国有资本授权经营制度改革的关键措施和主要实施方式。所以，在分析国有资本授权经营对企业资本配置的影响时，两类公司的改组组建可以视为衡量企业是否受到国有资本授权经营影响的一个关键指标。然而，也需要注意的是，在机制分析时，不能仅仅局限于对这两类公司的功能和作用的讨论，需要将国有资本授权经营的核心改革举措进行提炼总结，在此基础上分析其对国有企业融资行为造成的可能影响。

其次，研究国有资本授权经营制度改革这一宏观经济政策对微观国有企业融资行为的影响，有其内在的逻辑必要性，理由如下：一方面，国有资本的主要载体是国有企业，国有企业融资行为是宏观层面国有资本配置的微观基础，国有资本配置结构优化和效率提升目标的实现需要以国有企业融资行为的改善为支撑；另一方面，文献梳理发现造成国有企业融资行为扭曲的原因主要可以划分为政府干预和企业内部人控制两个方面，而国有资本授权经营在政策设计上会对这两类问题产生治理作用，预期可能对国有企业融资行为产生一定的影响，即研究国有资本授权经营对国有企业融资行为的影响具有较强的逻辑支撑。

4 理论基础与分析框架

本章主要介绍了与本书研究主题相关的基础理论，在此基础上结合国有资本授权经营的核心改革举措，对国有资本授权经营与国有企业融资行为的关系进行理论分析并构建理论分析框架，为后文的实证研究奠定理论基础。

4.1　理论基础

本节首先从治理理论、出资者财务理论以及管理幅度理论出发论述了国有资本授权经营范式的理论逻辑。然后从政府干预、内部人控制以及管理层权力三个方面论述了与国有企业融资行为相关的重要理论。最后在此基础上初步探讨了国有资本授权经营可能发挥的影响，为后文从政府干预和内部人控制两个视角进行机制分析奠定理论基础。

4.1.1　治理理论

"治理"是"统治"或"管制"的对应词汇，1995年全球治理委员会指出治理是一个协调利益相关方从而促其实现共同行动的持续的过程。1989年世界银行第一次使用"治理危机"来描述非洲复杂的管理问题，此后"治理"被广泛应用并被进一步拓展至政治领域。治理理论最早用于从社会制度构建的角度来解释关于对政府"绝对中心"的批判，提倡社会制度的建立需要借助多方面、多角度、多类型主体的协同参与。这些主体不仅包括普通公民，还包括政府与市场、社会三者之间的相互作用关系等内容。随着社会经济的发展，最初的治理观点逐渐不再适用。众多学者都对治理相关问题进行了深入研究，涉及治理价值、治理主体、治理方式、治理资源、治理背景、中国治理等方方面面，使得治理一词的内涵不断深化和丰富，但总结而言可涵盖以下三个方面的基本理念：（1）提倡治理主体的多元性。有效的社会治理需要多类型组织机构和人力资源的共同努力，政府不应该再是唯一的权威领导主体（Rhodes，1996）。（2）强调不同类型治理主体之间存在权利依赖性（Howell，2004；Stoker，2010）。每个参与主体的资源和能力都是有限的，这代表任何成员都不能强迫其他成员遵从自己制定的规则，各成员的权利地位都是平等的。从资本出资人角度来看，权利依赖性体现在对市场机制的遵循和尊重，出资人为了获得资本投资收益，需要与其他的参与者共同努力工作，而市场机制是他们成功进行合作的重要依据。（3）"自组织"的网络结构和体系（Stoker，2010；范如国，2014）。自发进行的自我管理、自主演进和自主制衡是"自组织"的重要特征，这种组织的边界较为清晰，能够与外部环境有效区分，并实现自身的自主运动和发展。

治理理论的三个基本理念和范式成为国有资产管理体制由"管资产"向"管资本"转变过程中重点借鉴的部分，国有资本授权经营制度改革也较好地遵从了这一理论：首先，在多元主体理念上，通过授权放权，国有资本授权经营制度改革将国资委和其他政府职能部门的角色从"一元"的监管者和出资者，转变为"多元"的平等参与者之一。国资委专司国有资产监管职能，被授权的两类公司负责资本运营，并且与其他普通股东一样平等地享有投资、运营和收益等权利。政府不再过多地将自身政治目标或者社会管理目标强加于国有企业的经营决策中。其次，与主体间权利的依赖性要求相符，国有资本授权经营制度改革后，政府不再成为具有强制性权力的权威出资者，而是通过授权放权减少对国有企业的行政管理，依靠在资本经营方面更具有专业优势的两类公司来管理国有股权，尊重国有企业的独立市场主体地位，促进国有资本的市场化运营。例如，在国有资本授权经营改革实践过程中，相关政策将两类公司定义为市场化运作平台，试点企业会减少国有企业管理层人员的直接行政任命，更多地采用市场化选聘的方式选拔具有较高企业经营业务能力的专业人才。最后，在"自组织"的网络结构和体系理念上，国有资本授权经营制度改革的重点内容之一是让各层级企业都获得更多的自主决策权，让出资企业由受监管的"他组织"转变为拥有自主权的"自组织"，促进释放国有企业的经营活力。

4.1.2 出资者财务理论

1986年，郭复初在探究国有资本管理机制时提出"国家财务"概念，认为国家应该仅承担生产所有者职能，不能与社会管理职能相混淆，并且着重区分了国家财务与国家财政、行政部门财务、企业财政等概念的不同。在此基础上，1995年干胜道将"所有者"和"经营者"两类主体的角色定位和工作职能做了重点区分，强调前者进行财务管理的目标是实现投资收益的最大化。1997年谢志华在《出资者财务论》中正式提出"出资者财务"概念，此后其从目标、对象和主体三个方面对这一概念作了明确解释：目标是实现资本的保值和增值；对象有两类，一类是出资者的投资活动，另一类是对经营者的具体财务行为进行约束的活动；主体包括终极和中间两类出资者，以及具体的资产经营者。出资者财务理论认为，出资者是独立于企业的特殊财务主体，他的主要职能是进行资本层面的财务活动而非具体的经营活动。该理论要求，在理清出资者和经营者权责差异的基础上，给予经营者一定的自主经营权并严格设定其受托责任，以此确保企业管理层能够根据市场需求自主决策并释放企业经营活力。

在计划经济阶段，政府兼顾了国有企业出资人和社会管理者两种完全不同的角色，政府出于增加就业、保障分配公平、完善社会保障等目的干预了国有企业的经济决策，使其承担了过多的社会任务，这损害了出资者的资本保值增值目标。在进行了放权让利改革、公司制改革等政府放权改革后，国有企业的经营自主权逐步扩大。同时由于出资者的监管履职不到位，企业管理者侵犯出资者利益的现象频繁发生，产生了"内部人控制"问题。从出资者财务的角度来看，上述问题的核心原因为出资者和经营者的权责未能得到清晰的认定和分离，从而导致出资者的财务目标没有得到明确和维护。2003

年国资委成立，开始专门承担出资者职能。但是，由于国资委对国有企业的行政干预依然过多，导致出资者财务与经营者财务存在混淆。为改变这一状况，国有资本授权经营制度改革通过设立两类公司和授权放权，推动国有资产出资人职能的有效履行，促进实现国有资本保值增值目标：在实际的改革试点过程中，两类公司在国资委授权或者政府直接授权的基础上，代为履行国家出资者职能并主要负责对国有资本进行经营运作，推进国有企业建立和完善市场化经营机制，以促进国有资本结构优化调整和资本配置效率提升、实现国有资本保值增值为目标。同时两类公司凭借股东身份进一步以资本为纽带在授权范围内对子公司进行层层放权，在不干预具体的经营管理工作的前提下，统筹完善治理优化举措来加强企业的实际行权能力，并以此约束管理层有损股东利益的代理行为；国资委或者其他政府部门在授权放权后专司国有资产监管，能够把国有资产所有者职能从政府的社会管理职能中分离出来。所以从上述分析来看，国有资本授权经营制度改革是对出资者财务理论的一次有效运用，不仅有助于实现出资者财务和经营者财务的有效分离，还能够促进实现出资者财务和国家财务的有效界定。

4.1.3 管理幅度理论

管理幅度指的是管理者或管理机构所直接监督的下属单位或员工的数目。管理幅度理论认为，在管理过程中，管理者会受到资源和环境的限制，这限定了他们能够有效监督的下属数量。随着下属数量的增加，管理的复杂性也随之增加。因此，管理者或管理机构能够有效管理的下属单位或员工的数量被称为有效的管理幅度。如果实际的管理幅度比应有的有效范围大，管理者或管理机构的管理效率可能会下降，甚至可能导致管理上的失败（Audretsch，2018；Jensen and Plumlee，2020；黎精明、汤群，2020）。

在传统模式中，国资委采取了一种将资产管理与人管理、事管理相结合的方法，其直接管理着数量众多的国有企业和各类事务。这种管理方式涉及的内容非常广泛，因此工作量巨大。无论是中央还是地方国资委，在管理层配置、人员招聘、绩效评估等方面，都更注重行政工作能力的评估。同时，由于受到人力、物力等资源的限制，其能够有效管理的范围有限。此外，企业和行业环境的复杂性也增加了全面监管的难度。因此，传统的国资监管模式在管理幅度的实际宽度和理论上的狭窄度之间存在矛盾，导致对国有企业的监管效率不理想，特别是在企业内部公司治理机制不够完善的情况下，难以有效制约国有企业内部管理层的代理行为。

如图4-1所示，在国有资本授权经营制度改革后，国资委只重点留下了对国有企业的行政监管权限，两类公司被充分地授予了出资者权限。这一新的管理范式能够有效缓解上述管理幅度矛盾问题：一方面，国资委主要负责宏观指导、政策引导等专项任务，不参与公共管理工作，也不过度地干预企业的实际运营，这会让有效管理幅度变得更宽。另一方面，国资委将出资者职能授权给两类公司后，能够将有限的精力集中投放到对两类公司履职情况的监督和考核上，从而能够有效降低实际管理幅度。所以，综合来看，国有资本授权经营制度改革通过授权放权充分契合了管理幅度理论的核心思想。

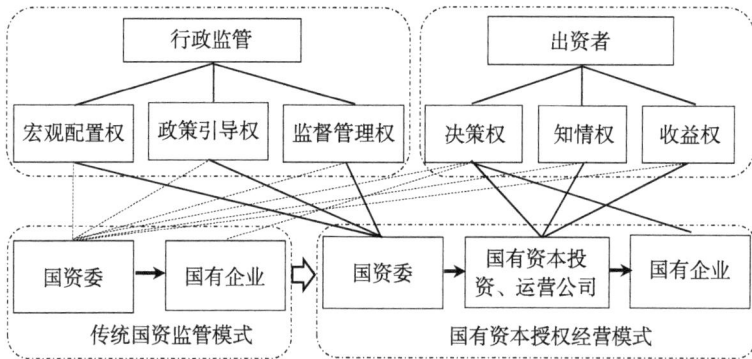

图4-1　国有资本授权经营导致的监管者与出资者职能的再配置图

4.1.4　政府干预理论

政府干预理论起源于20世纪30年代，凯恩斯提出当市场机制失灵时，政府应当采取必要手段对经济进行干预。Shleifer和Vishny（1993；1994）提出了出现政府干预的三类情境假说：（1）"扶持之手"情境假说，政府为了实现社会福利最大化，采取一定干预举措来应对市场失灵造成的问题；（2）"看不见的手"情境假说，政府只在必要时对维护公平竞争环境、完善法律制度等内容做一些必要服务，此外几乎不对经济进行干预；（3）"掠夺之手"情境假说，假定政府官员将维护政治地位等私人目标强加于经济生活之中，造成市场机制失灵和资源配置效率损失。由于第三类情境假说比较符合现实的市场环境，有关政府与企业关系的研究多以此为研究依据。

当前中国的市场化改革已经取得了一些成果，但尚未建立一个完全竞争的市场经济体系，政府仍然既有意愿也有能力对企业的经济活动施加影响。国有企业是政府干预国家经济的重要工具和实现途径。这使得国有企业承担了维持就业、保障财政税收、推动地区经济发展等部分政府职能。而这些政策性负担的存在导致国有企业的资本配置决策有时会偏离企业价值最大化目标。系统梳理有关政府干预的相关文献后发现，中央及地方政府干预国有企业融资行为的动机主要有公共治理需要和实现政府官员自身利益两个方面，而干预的手段主要有以下三种：（1）通过调整税收政策、货币政策以及产业政策等政策规则来引导和调节市场的供需状况，以此来实现对国有企业投融资行为、供产销等活动的间接干预。例如，2008年金融危机后，中国政府制定了4万亿元经济刺激计划，十大类产业企业得到重点扶持，部分企业的杠杆率也因此而攀高。（2）通过财政扶持、利息优惠、税收优惠等扶持手段和保护措施，对市场的资源配置活动进行干预。此外，目前我国政府仍掌握着一些项目的审批权和决策权，如上市资格审核、再融资资格审核、国有企业长期投资项目决策等，这些举措都能够直接影响到企业对市场资源的获取程度和企业的决策行为偏好。（3）政府干预下的大股东控制。国有企业存在"国有股一股独大"的股权结构，所以当政府代为履行出资者职能时，能够通过强大的股权控制将社会管理目标有效融入企业决策中。例如，《公司法》规定国有企业重大决策须经政府主管部门批准；国有企业的"三重一大"事项决策须由领导班子成员进行集体讨论和通过，并且需要认真听取党委的意见。（4）国资委负责对国有企业高管人员进行选聘和考核，通过设定薪酬与晋升规则能够引导高管人员的决策。放权让利改革后，虽然大部分的国企在产权关系上与政府已经没有过于紧密的关联，但是关键经营者仍然由政府机构来选聘（Qian，1998；韩朝华，2003）。现阶段，国企高管的选聘规则正在经历由行政化向市场化的转变，但目前的选聘规则仍然以行政化为主（张霖琳 等，2015），这类高管的决策会比较多地考虑是否能够服务其政治晋升，而忽略了经济学角度的价值创造最大化要求，制约了资本经营效率的提升。

现有研究认为，政府对国有企业过多的行政干预是导致国有企业低效率的重要原因（Shleifer and Vishny，1994；Lin et al.，1998；Wong，2016；徐晓东、陈小悦，2003；谭劲松 等，2012）。从资本配置角度来看，经济的高效发展必须顺应资本的逐利本性，通过市场方式让尽可能多的资本进入高生产效率部门，实现资本的最优配置。但是在行政干预情况下，国有企业承担了过多的政策性负担，阻碍了市场机制作用的发挥，造成资本配置效率损失（聂辉华、贾瑞雪，2011；罗德明 等，2012；罗知、张川川，2015；靳来群 等，2015；李艳、杨汝岱，2018；戚聿东、张任之，2019）。例如导致国有企业负债过高问题（Dong et al.，2014；綦好东 等，2017；綦好东 等，2018）、实际资本结构越来越偏离其理想状态且调整速度偏低（盛明泉 等，2012；钟宁桦 等，2016）、承担较高的权益资本成本（肖浩、夏新平，2010；李昕潼、池国华，2017）。

在国有资本授权经营制度改革过程中，两类公司相当于政府与国有企业中间的"隔离层"，而且授权放权举措改变了以往国资委"管资产与管人、管事相结合"的国有资产管理模式，能够降低国有企业受到的政府干预程度，赋予其更多的经营自主权。如果政府干预是造成国有企业融资行为扭曲的重要原因，那么国有资本授权经营通过降低政府干预必定会对国有企业融资问题产生有效的治理作用。

4.1.5 内部人控制理论

青木昌彦和张春霖（1994）在探究处于经济转轨阶段国家的企业治理问题时，率先提出"内部人控制"理论。他们发现这类国家的国企管理者在公司制改革进程中被授予了较大的控制权，成为实际掌控企业经营决策的内部人，这些管理者的个人利益也因此而容易获得实现。内部人控制的特征主要有以下四点：（1）内部人主要是指公司的经理层、董事、监事这类高管层人员；（2）内部人控制的类型需要区分"股权分散"和"股权集中"两种股权结构情境，中国国有企业的内部人控制问题属于后者；（3）内部人控制包括对剩余价值索取权和对剩余控制权两类权利的控制；（4）导致内部人控制的主要原因是公司治理机制的失效和竞争性的资本市场、经理人市场等制度安排的不健全。

在国有资本授权经营制度改革前，放权让利等改革措施赋予了国有企业管理层对企业的较大控制权，但又缺乏完善的激励与监督体系。这导致国有企业管理层的有损股东利益的投机行为难以得到有效制约，使得国有企业呈现出"内部人控制"的现象，并损害了国有资本配置决策的有效性（陈冬华等，2005；权小锋 等，2010；马连福 等，2012）。根据文献梳理，内部人控制对国有企业融资行为的影响典型表现：在负债水平方面，导致了过高的负债水平（余明桂 等，2006）；在资本结构动态调整方面，弱化了企业根据目标资本结构来及时调整企业资本结构的动机（盛明泉 等，2012）；在融资效率方面，造成企业经营效率损失（Zhang，1997，陈冬华 等，2005；权小锋 等，2010；马连福 等，2012）、资本成本上升（Lazear and Rosen，1981；林芳、冯丽丽，2012；周嘉南、雷霆，2014）。

产权理论、委托代理理论等现代公司治理理论研究表明，有效应对内部人控制问题的方法是完善公司治理和外部监管。国有资本授权经营通过改组组建两类公司有助于实现国有资产出资者和监管者的到位和分离，更好地发挥两类主体在政府监管和资本经营管理方面的优势，以促进国有企业法人治理结构的完善。同时，为了提升国有企业的行权能力，进行国有资本授权经营制度改革的国有企业会统筹强化公司治理机制，能够对国有企业管理层行为进行有效约束。所以，从理论上来看，国有资本授权经营能够对国有企业管理层行为产生有效的约束作用，从而对上述内部人控制造成的融资问题可能产生显著的治理作用，进而促进国有企业融资行为情况得以改善。

4.1.6 管理层权力理论

管理层权力理论认为，当管理层在公司经营、资本运作等方面具有较大的权力时，其存在利用手中控制权获取私人利益的倾向，容易形成损害股东利益和企业效率的代理行为（Finkelstin，1992；Bebchuk et al.，2002；Bebchuk and Fried，2005）。已有文献证明，当管理层权力较大时，其在进行决策时能够不用与意见相悖的其他高管人员妥协，容易加剧企业的委托代理问题（Borokhovich et al.，1996；Yermack，2006），导致国有企业资本配置决策偏离企业价值最大化目标。例如权力较大的管理者容易进行过度投资（Ross，1973；Holmstrom and Costa，1986；Shleifer and Vishny，1989）。而在另一些情况下，管理层则更容易产生风险规避倾向（Jensen and Mecking，1976；Eisenhardt，1989），从而导致企业投资不足；Lazear 和 Rosen（1979）、林芳和冯丽丽（2012）、周嘉南和雷霆（2014）等发现，当管理层权力越高时，企业的代理冲突越大和信息质量越低，会使投资者要求较高的权益资本成本。

Qian（1996）的理论分析认为，放权能够增加政府干预国有企业的成本和难度，但也会增大管理层权力并引发其自利行为。钟海燕等（2010）、Fan 等（2013）的发现与之观点类似，他们发现企业集团金字塔结构在实现减少政府干预目的的同时，也提高了管理层机会主义行为发生的可能性，政治成本和代理成本的综合变动效果是决定企业效率水平不可忽视的因素。国有资本授权经营将授权放权机制贯穿改革的全过程，理论上有助于降低政府干预。然而，这种做法也可能增强被授权国有企业管理层的权力。由于历史原因使得国有企业管理层的权力本身就比较大，加之国有资本授权经营改革所引起的权力增长，将对管理层的代理行为产生显著影响，甚至可能引发新的代理问题。这些代理问题直接决定了企业资本配置决策是否合理有效，所以，在进行国有资本授权经营制度实施效果研究时，需要从管理层权力的角度对其可能引发的经济后果进行审视和检验。

4.2 分析框架

文献梳理表明，造成国有企业融资行为扭曲的因素主要可以划分为两类：一类是政府干预问题，另一类则是与国有企业管理层自利相关的内部人控制问题。在此基础上本节认为，国有资本授权经营对国有企业融资行为的影响会通过这两条路径得以实现。

4.2.1 基于政府干预视角的机制分析

政府通过控股权或者行政资源掌控权将关于政治和社会目标的任务施加于国有企业（Shleifer and Vishny，1994；Qian，1998；Djankov et al.，2003），这成为导致国有企业融资行为扭曲的重要因素：一方面，政府为了实现公共管理职能或者官员个人晋升，有动机将保障就业、维持经济发展、增加税收等目标内化于国有企业的决策之中，造成国有企业并非以追求企业价值最大化为目标进行资本配置决策。这增加了企业进行固定资产投资等非理性投资方面的需求，并引发了较为激进的负债融资行为，弱化了根据最优资本结构来及时调整企业实际资本结构和优化资本投向的动机，并最终造成国有企业融资效率损失。另一方面，政府干预造成的政策性负担会进一步引发国有企业的预算软约束问题。为避免国有企业亏损或者破产清算，政府会为国有企业提供融资支持，降低了国有企业融资约束和财务危机成本对管理层代理行为的约束作用，促使国有企业有动机不去主动完善企业的资本配置决策机制。而且，由于信息不对称，政府往往无法区分国有企业的决策失败是承担了政策性任务，还是管理者无能或者投机行为所致，从而使政府承担了过多的损失。同时也使国有企业管理层更容易推卸责任，弱化了管理层优化资本配置决策的动机。

理论而言，国有资本授权经营有助于缓解国有企业受到的政府干预问题，进而改善国有企业融资行为情况，具体分析如下：

首先，从治理理论来看，改组组建两类公司能够促进实现国有资产出资者和监管者的分离、到位，这符合治理理论的"多元主体"和"各参与主体间的权利依赖性"的要求：政府通过授权放权从"一元"的监管者和出资者双重角色变为"多元"平等参与者之一。而两类公司成为国有资产出资者的代理人，其权益与其他债权人、非国有股东等企业的利益相关者一样，得到更加公平的保障。所以政府不能再将国有企业的监管职能和出资者职能相混淆，也难以再强制要求国有企业的资本配置决策服务于促进就业、地区经济发展、社会保障等方面的目标需求。同时，两类公司进一步以资本为纽带向子公司进行层层放权，使国有企业在众多事项管理上获得更大的自主权。应由企业依法自主决策的事项、延伸到子企业的事项有效归位于企业，使得出资企业由受监管的"他组织"转变为拥有自主权的"自组织"，符合治理理论的"自组织"理念要求。国有企业在经营决策上获得更大的权利空间后，政府将难以再通过控股权或者行政资源掌控权来干预国有企业的资本配置决策。也能够激励国有企业更为自主地以企业价值最大化为目标进行资本配置机制的优化调整。即政府干预对资本配置的消极作用会得到有效治理。

其次，从出资者财务理论来看，通过国有资本授权经营制度改革有利于将国有资产出资者职能从政府的社会管理职能中分离出来，进而促进国有企业融资决策更好地服务于出资者财务管理的资本保值增值目标，而非服务于社会管理者在稳定就业、分配公平、社会保障等方面追求的非营利性目标。两类公司的改组组建相当于在"政府—国有企业"的两层监管结构中增设了一个"隔离层"（胡锋、黄速建，2017），形成了"政府—两类公司—国有企业"的三层监管结构，这种三层次结构以及授权放权清单的制定能够理清上述三类主体之间的关系。同时相关改革政策明确将国有资产的出资者职能授权给两类公司代为行使，这两类公司遵循市场机制进行国有资本运作，履行股东职责，维护股东基本权益。这有利于促进实现政企分开、政资分开，有效抑制政策性负担、预算软约束等政府干预问题对国有企业融资行为的影响。

最后，从管理幅度理论来看，国有资本授权经营替代了"管资产与管人、管事相结合"的模式，弱化政府对国有企业的直接干预能力，能够充分发挥国资委的国资监管优势，引导国有企业做出合理的资本配置决策。在新的授权经营范式下，国资委主要负责宏观指导、政策引导等专项任务，不参与公共管理工作，也不过度地干预企业的实际运营。这使得国资委不用在自身能力不具有优势的繁杂的企业经营管理事务中耗费过多的资源和精力，能够将更多的时间投入能够体现其能力优势的国资监管工作上来。监管目标的明确性和业务内容的专业性也会有助于增大国资委的有效管理幅度和监管效率的提升。此外，在改革实践过程中，国资委将国有资产出资者职能授权给两类公司后，会制定监管权力责任清单来划定监管边界和精简监管事项。这不仅能够有效减少国资监管机构对两类公司所出资企业的延伸监管，减少对国有企业的经营决策干预，而且能够促使国资委职能定位更加清晰，有效避免因部门职能交叉混乱造成的对国有企业产生的行政干预。

综合以上三点分析，国有资本授权经营制度的实施有助于降低政府对国有企业的行政干预能力，此时政府将难以再为了实现经济目标或个人晋升动机将公共管理目标内化于国有企业的资本配置决策之中，进而有助于抑制政策性负担对国有企业融资行为的影响，促使企业决策更加市场化。另外，国资监管机构在授权放权后不再过多地干涉企业的经营决策，这种去行政化的监管方式有利于使国有企业充分走向市场，有效发挥市场机制对企业投融资行为的治理作用。同时，政府干预的降低和国有企业市场化主体地位的推进会促进国有企业预算约束更加硬化，由此带来的融资约束以及财务危机成本的提高会使管理层的道德风险问题得到有效抑制，有助于促进管理层的资本配置决策更加谨慎和更加符合出资者财务管理所追求的资本保值增值目标的要求。

4.2.2　基于企业内部人控制视角的机制分析

国有企业存在出资者缺位和多重委托代理的特征，而且过去的改革导致国有企业的管理层实际上掌握了企业的控制权。在内外部监督约束机制相对不健全的情况下，管理层的自利行为难以受到有效约束，造成国有企业资本结构扭曲和配置效率损失（权小锋 等，2010；钟海燕 等，2010；马连福等，2012）。

理论而言，国有资本授权经营对内部人控制问题可能产生两种相反的影响：

一方面，国有资本授权经营制度的实施有助于推动国有企业在治理方面进行改进，包括加强股东治理、提升董事会效能、改进集团管理结构以及实现经理人员的市场化招聘。这些举措有助于有效抑制内部人控制问题。据可及文献，抑制内部人控制的有效方式是完善公司治理机制（陈湘永 等，2000；张铁铸、沙曼，2014）和加强外部监督（王元芳、马连福，2014）。从治理理论来看，在国有资本授权经营改革过程中，国有企业集团各层级的管理层都会被授予充分的自主经营权，包括资本经营者被授予充分的资本经营权，资产经营者被授予充分的资产经营权，各类主体的市场化地位得到充分尊重。在授权放权的情况下，如果基于提升和规范国有企业行权能力目标的改革举措得到落实，会有助于约束管理层的自利行为，促进其以企业价值最大化为目标进行资本配置决策。此外，由于国资委以及其他政府部门将难以通过行政权力来干预企业的经营决策，此时管理层的决策失败更容易被发现，而且也更难以将承担政策性负担作为责任推脱的借口。这有助于抑制管理层人员的投机行为，促使其更多地将自身利益与企业价值最大化相统一，主动减少有损股东利益的代理行为，促进企业的融资行为更有效率。

从出资者财务理论来看，两类公司在改革过程中代为履行出资人职责，承担国有资本保值增值的责任，所以会更加关注企业资本配置决策对国有资本保值增值目标实现的影响，积极改善对国有资本保值增值有负向影响的资本配置问题。前文文献梳理发现，国有企业的内部人控制问题会对国有企业的资本配置结构和效率造成负向影响，那么作为履行国有资产出资者职能的两类公司会更有动机和能力通过完善相应的激励约束机制来规范管理层人员的行为，以此促进企业资本配置情况的改善，促进国有资本保值增值目标的实现。而且，两类公司以产权为纽带参与子公司治理，有助于促使国有企业建立科学的出资者治理结构（王曙光、王天雨，2017），进而抑制管理层利用手中控制权谋取私利的行为。

从管理幅度理论来看，两类公司被国资委或者政府直接授予进行资本经营的权利，因此具有较强的能力影响企业的资本配置决策，能够根据实际需要以市场化方式选聘具有优秀专业技能的职业经理人来承担公司的日常管理职责。而能力较高的职业经理人以及更有效的管理层治理会促进企业做出降低过高负债水平、减少无效股权投资、抑制过度投资等能够促使企业资本配置情况改善和资本保值增值目标实现的资本配置决策。而且，国资监管机构在实施授权放权后，能够专注于进行国有资本监管，这增强了对国有企业外部监管的针对性，有助于减轻内部人控制对资本配置决策的负面影响，从而促进国有企业融资行为情况得以改善。

另一方面，国有资本授权经营在增大被授权放权企业的管理层权力时，可能引发管理层人员的代理行为，进而对资本配置情况造成消极影响。基于管理层权力理论，当企业内部的管理者的权力足够大时，其会为了谋取私人利益而滥用职权，造成国有企业融资行为效率损失，如加剧国有企业过度投资（赵纯祥、张敦力，2013；董红晔、李小荣，2014；白俊、连立帅，2014）和投资不足问题（Narayanan，1988；郭宏 等，2020）。授权放权贯穿国有资本授权经营制度改革的全过程，必然涉及国有企业管理者权力的增大，由此引发的经济后果不可忽视。政府或者国资监管部门会将国有资产出资者职能授予两类公司，这两类公司进一步以资本为纽带向子公司进行层层放权，使国有企业管理层获得了更大的自主权。在政府干预减少和委托代理链条变长的情况下，可能导致国有企业管理层利用手中控制权进行寻租的能力增强，进而加剧国有企业的内部人控制问题，从而使得国有资本授权经营通过完善股东治理、董事会治理、优化集团管控模式等举措来抑制国有企业内部人控制问题的效果不显著，甚至还可能会对国有企业的资本配置情况产生消极影响。

综上所述，国有资本授权经营在内部人控制方面可能产生两种不同的效果：一方面，国有资本授权经营可能通过完善公司治理机制和加强外部监管而有效抑制内部人控制，从而有助于改善国有企业融资行为情况；另一方面，根据管理层权力理论，如果权力下放不到位，不能够与后续监管、公司治理机制的优化进行有效衔接，这可能使相关改革举措对内部人控制问题的治理效果不显著，甚至出现加剧内部人控制的情况，从而对国有企业的资本配置情况产生负向影响。

4.2.3　理论分析框架

理论分析框架如图4-2所示。

首先，通过对治理理论、出资者财务理论以及管理幅度理论的分析，论述了国有资本授权经营范式的理论逻辑，以此明确国有资本授权经营所要解决的本质科学问题与核心机制设计。其次，从国有企业的现实问题出发，基于政府干预理论、内部人控制理论以及管理层权力理论对国有企业融资行为的影响因素进行了系统梳理，以此指明政府干预和企业内部人控制是造成国有企业融资行为扭曲的两个重要因素。在上述分析的基础上，形成了"国有资本授权经营核心改革举措→改变政府干预和内部人控制问题状况→影响国有企业的融资行为"的机制分析思路，这一核心思路贯穿于本书的整体逻辑分析过程。

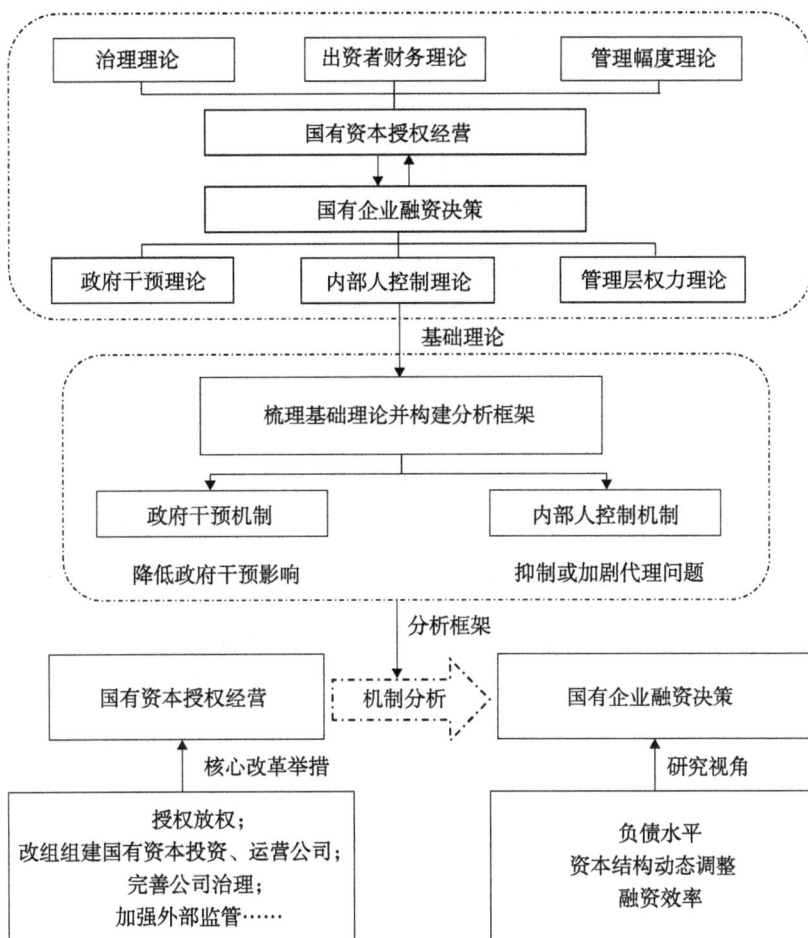

图4-2　理论分析框架图

结合前文的理论分析逻辑框架，后续章节将对国有资本授权经营与国有企业融资行为的关系进行系统的分析与检验，并对政府干预机制和内部人控制机制进行细致的检验。

4.3　本章小结

  本章结合国有企业在融资方面存在的典型问题，围绕国有资本授权经营的核心改革举措，在相关理论分析的基础上，提炼出理论分析框架图。

  在机制分析时，从治理理论、出资者财务理论以及管理幅度理论三个基础理论出发论述了国有资本授权经营范式的理论逻辑。然后对国有企业融资行为相关的政府干预、内部人控制以及管理层权力三个理论进行了分析。基于此，分别从政府干预和企业内部人控制的角度，分析了国有资本授权经营如何影响国有企业融资行为的作用机制：一方面认为国有资本授权经营有助于降低国有企业受到的政府干预程度，进而改善国有企业融资行为情况。另一方面认为国有资本授权经营在内部人控制方面可能产生两种不同的效果。既可能通过完善公司治理机制和加强外部监管而有效抑制内部人控制，从而有助于改善国有企业融资行为情况。也可能因增大管理层权力而加剧国有企业内部人控制问题，从而对国有企业的资本配置情况产生负向影响。

5 国有资本授权经营与国有企业负债水平

5.1 引言

应对国有企业的负债问题是我国去杠杆工作的重点领域。2018年4月，中央财经委员会第一次会议提出"以结构性去杠杆为基本思路，地方政府和企业特别是国有企业要尽快把杠杆降下来"。2018年5月，中央全面深化改革委员会第二次会议通过《关于加强国有企业资产负债约束的指导意见》，将加强负债约束定义为实现国企降杠杆的重要举措。通过文献梳理发现，中国政府在资本配置中具有导向力量，加之出资者缺位和监督激励机制不健全等问题的存在，国有企业存在典型的内部人控制问题，使得国有企业存在负债水平明显偏高的特征。过高的负债水平会造成企业较大的偿债压力和违约风险，这不仅会损害国有企业的经营效率，还助产了许多"僵尸企业"，从而造成市场资源配置的扭曲。所以，本章探究了国有资本授权经营与国有企业负债水平的关系。

5.2 理论分析与研究假设

现有研究认为，国有企业负债水平偏高的原因主要有以下两个：其一，政府干预问题使国有企业承担了政策性任务（Li et al.，2007；Dong et al.，2014；林毅夫、李志赟，2004；钟宁桦 等，2016；綦好东 等，2018；郑曼妮 等，2018），这增加了国有企业的资金需求。在股权融资弹性相对较差的情况下，负债融资是国有企业最直接的选择。同时，为避免国有企业亏损或者破产清算，政府会为企业在债务融资方面提供有利条件和支持政策（方军雄，2007），使债务融资的治理作用和约束力被弱化，导致国有企业管理者降低负债水平的动机较小（Qian et al.，2009；肖泽忠、邹宏，2008）。其二，内部人控制问题（吴秋生、独正元，2019）。国资监管机构代为履行国家出资者职能，但其在公司治理中并不是积极的监督者，导致存在出资者缺位问题，国有企业管理层的行为难以受到有效约束。国有企业管理层为了从围绕政治晋升开展的"锦标赛"中胜出，或者基于满足自身"帝国"建造、在职消费的意图，有动机做出过度投资、公益性捐赠等损害企业价值的短期行为，导致国有企业的资本支出超过实际所需资金。而当企业留存资金不能满足上述超额需求时，容易导致企业的负债率偏高（余明桂 等，2006）。

对于国有资本授权经营与国有企业负债水平的关系，可以从以下两个视角分别展开论述：

首先，国有资本授权经营制度的实施有助于缓解政府干预问题。一方面，国有资本授权经营通过改组组建两类公司，意味着在政府与国有企业之间安置了"隔离层"，有助于促进实现政企分开和政资分开（柳学信，2015；胡锋、黄速建，2017）。两类公司代为履行国有资产的出资者职能，能够缓解国有企业的政策性负担问题，促进国有企业的负债行为更加市场化。而且，授权放权使国有企业在战略决策、管理者选聘和考核等方面拥有了充分的自主权，有助于使其由受监管的"他组织"转变为拥有自主权的"自组织"。这符合治理理论的"自组织"理念要求，能够激励国有企业管理者提高资金使用效率，缓解国有企业因承担政策性负担而产生激进的负债融资行为。另一方面，国资监管机构将企业管理职能充分剥离给两类公司后不再过多地干预国有企业的经营决策，这种去行政化的监管方式能够发挥市场机制（特别是债权人监督）对企业负债融资的约束作用。而且，行政干预的减少会有助于降低管理层对政府救助企业财务危机的预期，进而降低国有企业管理者进行负债融资的意愿。同时国有资本授权经营也会向外部资本市场释放出弱化政府对国有企业进行隐性担保的信息，这可能会在一定程度上降低银行对国有企业提供优惠贷款的积极性，进而有助于抑制企业不合理的负债行为。

其次，国有资本授权经营有助于缓解内部人控制问题。国有企业出资者缺位问题导致管理层代理行为缺乏有效的监督约束。而在国有资本授权经营过程中，两类公司的出现可以优化和明确政府与国有企业之间的出资者关系，促进国有资产出资者和监管者职能的有效区分和落实，促进国有企业公司治理机制的优化完善：国资监管部门将原本所承担的出资者职能下放给两类公司的董事会，使其有能力影响企业负债决策，不仅有助于发挥董事会治理对管理层人员不合理融资行为的约束作用，还能鼓励政府专注于外部监管职能的落实。这有助于政府将有限的资源投入国有资产的监督管理中，以提高监管的效率。同时，国有资本授权经营将完善公司治理机制作为重点内容，有助于优化国有企业债务决策。此外，参与国有资本授权经营改革试点的国有企业将优先实施经理层的市场化招聘和契约化管理。这会增加管理层的业绩考核压力和职业危机感，而过多的负债不仅会造成较大的还本付息的压力，而且带来的高额融资成本会损害国有企业经济利润并增加企业的财务危机成本，进而促使管理层更愿意进行相对较低水平的负债融资，进而有助于缓解过度负债问题。

另外，国有资本授权经营会增大国有企业经营管理的自主权，进而提升国有企业降低负债水平的能力。在政府干预减少的情况下，过高的负债融资水平会导致企业管理层还本付息的压力增大，而国有企业原本的负债水平就较高，更高的负债水平只会带来更高的财务危机成本，并不符合管理层的自利需求。所以，当国有资本授权经营通过层层的授权放权使国有企业管理者获得了更多的自主权时，能够促使其更有能力和更有意愿去降低企业的负债水平。

综上所述，提出以下假设：

假设5.1：国有资本授权经营对降低国有企业负债水平有显著的促进作用。

5.3　研究设计

5.3.1　样本选取与数据来源

本章以2010—2019年的国有控股上市公司为考察对象，之所以选择2010年为起始年，原因在于后文双重差分实证模型需要比较试点前后企业变量的变动情况，而改革国有资本授权经营体制的观点在2013年被正式提出，相关的改革试点工作基本上从这一年开始筹划进行，以此为基准往前推3年（为避免时间跨度过长带来过多的噪声影响，已有文献大多以3年为期）时间为2010年。研究数据主要收集自国泰安数据库，排除了数据不完整、金融行业以及带有ST、SST、*ST标识的样本，最终筛选出1797个实验组样本和7103个对照组样本，总共得到了8900个有效样本。对所有连续性变量进行了1%的缩尾处理。

5.3.2　变量定义与模型设定

为检验假设5.1，本章将采用资产负债率（Lev_{it}）作为企业负债水平的度量指标。由于改革尚处于试点阶段，借鉴Beck等（2010）、Hoynes 等（2011）、Moser和Voena（2012）、李文贵等（2017）、陈林和万攀兵（2019）等人的做法构建固定效应双重差分模型，设计如下模型（5.1）：

$$Lev_{it} = \alpha_0 + \beta_1 DID_{it} + \theta X_{it} + \lambda_t + \mu_i + \varepsilon_{it} \tag{5.1}$$

在模型（5.1）中，α_0为模型的截距项，X代表控制变量，借鉴姜付秀和黄继承（2013）、王亮亮和王跃堂（2015）的研究，主要包括Size（公司规模），Growth（成长能力），Tang（有形资产水平），Nontax（非债务税盾），Roa（盈利能力），Age（上市年龄），Shrcr1（股权集中度），Ceo（两职合一），Board（董事会规模），Idd（独立董事比例）。λ_t和μ_i分别为控制年份和个体的固定效应。DID_{it}为国有资本授权经营制度实施哑变量，具体为个体分组哑变量treat$_i$和时间前后哑变量period$_t$的交乘项。如果某样本公司的控股股东被纳入了改革试点范围，则该样本归于处理组，此时变量 $treat_i$ 设为 1；若未被纳入，则归为控制组，变量 $treat_i$ 设为 0。对于处理组样本，若年份早于改革试点实施年份，变量 $period_t$ 设为 0；若年份在改革试点实施年份或之后，变量 $period_t$ 设为 1。控制组的变量 $period_t$ 全部设为 0。为了防止变量间的多重共线性，在模型（5.1）中未设个体分组变量 $treat_i$ 和时间前后哑变量 $period_t$。

变量的具体定义如下表 5-1：

表 5-1　模型（5.1）的主要变量定义表

变量符号	变量名称	计算方法
Lev	负债水平	期末资产负债率
DID	国有资本授权经营制度实施哑变量	当样本属于处理组且已进行国有资本授权经营时，DID 赋值为 1，其他样本赋值为 0
Size	公司规模	年末总资产的自然对数
Roa	盈利能力	总资产收益率
Growth	成长能力	营业收入增长率
Tang	有形资产水平	年末固定资产与年末总资产的比值
Nontax	非债务税盾	期末折旧与总资产之比
Age	上市年龄	期末上市年数加 1 的自然对数
Shrcr1	股权集中度	第一大股东持股比例
Ceo	两职合一	当董事长兼任总经理时赋值为 1，否则取 0
Board	董事会规模	期末董事会总人数的自然对数
Idd	独立董事比例	期末独立董事人数与董事会总人数的比值

5.4　实证结果与分析

5.4.1　描述性统计

在表 5-2 中，负债水平（Lev）的均值为 0.509，中位数为 0.518，说明一半以上样本企业的资产负债率超过0.5,这与盛明泉等(2012)的研究结果较为一致,但是负债水平整体上高于盛明泉(2016)、黄俊威和龚光明(2019)以全部A股上市公司为研究样本的研究结果(负债水平的均值分别为0.47和0.44),此现象验证了国有企业负债水平整体偏高的特征。

表5-2 模型(5.1)主要变量描述性统计

变量符号	均值	标准差	最小值	中位数	最大值	样本量
Lev	0.509	0.204	0.0704	0.518	0.984	8900
DID	0.068	0.252	0.000	0.000	1.000	8900
Size	21.680	1.331	18.950	21.510	26.020	8900
Roa	0.032	0.052	−0.261	0.029	0.186	8900
Growth	0.481	1.407	−0.712	0.129	9.880	8900
Tang	0.265	0.198	0.002	0.224	0.786	8900
Nontax	0.027	0.018	0.001	0.024	0.089	8900
Age	2.597	0.541	0.000	2.773	3.401	8900
Shrcr1	0.386	0.157	0.030	0.377	0.891	8900
Ceo	0.104	0.306	0.000	0.000	1.000	8900
Board	2.204	0.200	1.099	2.197	2.890	8900
Idd	0.371	0.057	0.125	0.333	0.800	8900

5.4.2 相关性分析

表5-3列示了主要变量的Pearson相关系数,国有资本授权经营制度实施哑变量(DID)与负债水平(Lev)的系数显著为负(系数为−0.014,显著性水平为10%),符号与预期一致。而其他控制变量的系数均小于0.3,证明多重共线性问题不会对回归分析产生较大的影响。

表5-3 模型（5.1）主要变量相关性分析

变量	Lev	DID	Size	Roa	Growth	Tang	Nontax	Age	Shrcr1	Ceo	Board	Idd
Lev	1											
DID	-0.014*	1										
Size	-0.010	-0.017*	1									
Roa	-0.365***	0.010	-0.011	1								
Growth	0.096***	-0.013	-0.001	-0.006	1							
Tang	0.047***	0.045***	-0.034***	-0.091***	-0.192***	1						
Nontax	-0.052***	0.009	-0.006	-0.102***	-0.199***	0.718***	1					
Age	0.213***	0.087***	0.117***	-0.112***	0.038***	0.046***	0.039***	1				
Shrcr1	0.037***	0.056***	-0.050***	0.096***	0.002	0.069***	0.067***	-0.115***	1			
Ceo	-0.045***	-0.026***	-0.010	-0.017*	-0.013	-0.081***	-0.037***	-0.085***	-0.112***	1		
Board	0.073***	0.007	-0.037***	0.070***	-0.050***	0.169***	0.119***	-0.019*	0.018*	-0.127***	1	
Idd	0.059***	-0.003	0.021**	-0.047***	0.009	-0.061***	-0.056***	0.010	0.078***	0.083***	-0.425***	1

注：表中为 Pearson 检验系数，***、**、* 分别表示 1%、5% 和 10% 的显著性水平。

5.4.3　回归结果分析

假设5.1的检验结果如表5–4所示。DID的系数在1%的水平上显著为负，表明国有资本授权经营制度的实施对减少国有企业的债务水平具有显著效应，与假设5.1的预期一致。本章理论分析认为，国有资本授权经营之所以能够降低国有企业的负债水平，主要有以下两个方面的原因：其一，国有资本授权经营有助于降低政府对国有企业的行政干预程度，减少国有企业因承担政策性负担而产生激进的负债融资行为，同时监管的去行政化有助于发挥市场机制对负债融资的约束作用；其二，国有资本授权经营能够理顺政府与国有企业的出资者关系，促进国有企业公司治理机制的完善和国有资产监管效率的提升，进而有效抑制管理层激进的债务融资行为，促进国有企业负债水平的降低。

表5–4　国有资本授权经营与国有企业负债水平

DepVar =	Lev
DID	−0.086***
	（0.000）
Size	0.051***
	（0.000）
Roa	−0.537***
	（0.000）
Growth	0.017***
	（0.000）
Tang	−0.147***
	（0.001）
Nontax	0.715
	（0.113）
Age	0.016
	（0.348）
Shrcr1	−0.967***
	（0.000）
Ceo	−0.016
	（0.215）

续　表

DepVar =	Lev
Board	−0.054* （0.091）
Idd	0.742*** （0.000）
Year	Yes
Firm	Yes
Constant	−1.116*** （0.000）
Observations	8900
Adj_R²	0.927

注：***、**、*分别表示1%、5%和10%的显著性水平，括号内为P值。

5.4.4　稳健性检验

为增强研究结论的稳健性，本章进行如下稳健性检验：

（1）安慰剂检验

安慰剂检验主要采用以下两种方法：

首先，参考Topalova（2010）、盛丹和刘灿雷（2016）的做法，使用制度改革前的观测样本进行安慰剂测试。假设国有资本授权经营试点的开始年份为实际年份的前2年，例如，如果样本企业在2014年纳入试点，则进行安慰剂检验时假设其在2012年开始进行试点。

其次，借鉴史贝贝等（2019）的做法，先在处理组和控制组内各随机选定一半样本，将其假想为受到国有资本授权经营改革的影响，然后采用随机设定的Random1、Random2来替代DID指标来估计假想效果。完成上述步骤后，对前述模型（5.1）再次进行回归分析，若发现结果不再显著，则表明国有资本授权经营的影响是显著的，并且这一结果不会受到其他偶然因素的干扰。

表5-5报告了安慰剂检验结果，DID、Random1、Random2的系数均不

再显著，代表国有资本授权经营的影响不再显著，证明负债水平的变化确实来源于国有资本授权经营制度改革冲击。

表5-5 国有资本授权经营与国有企业负债水平-安慰剂检验

DepVar =	（1）	（2）	（3）
	Lev	Lev	Lev
DID	0.027		
	（0.103）		
Random1		0.002	
		（0.610）	
Random2			0.001
			（0.566）
Size	0.003	−0.009**	0.004
	（0.320）	（0.025）	（0.235）
Roa	−0.760***	−0.666***	−0.759***
	（0.000）	（0.000）	（0.000）
Growth	0.006***	0.006***	0.005***
	（0.000）	（0.001）	（0.000）
Tang	0.063***	0.155***	0.058***
	（0.000）	（0.000）	（0.000）
Nontax	−0.728***	−1.020***	−0.759***
	（0.000）	（0.007）	（0.000）
Age	0.071***	0.060***	0.072***
	（0.000）	（0.000）	（0.000）
Shrcr1	0.030	−0.079*	0.033
	（0.163）	（0.091）	（0.142）
Ceo	0.015***	0.005	0.015***
	（0.001）	（0.620）	（0.001）
Board	0.011	0.035	0.010
	（0.331）	（0.207）	（0.413）
Idd	0.007	0.112	0.001
	（0.826）	（0.112）	（0.976）
Year	Yes	Yes	Yes
Firm	Yes	Yes	Yes
Constant	0.562***	0.332**	0.537***
	（0.000）	（0.012）	（0.000）

DepVar =	（1）	（2）	（3）
	Lev	Lev	Lev
Observations	7766	1797	7103
Adj_R^2	0.841	0.802	0.836

注：***、**、*分别表示1%、5%和10%的显著性水平，括号内为P值。下表同。

（2）倾向得分匹配法

由于国有资本授权经营改革试点是逐步进行的，后期进入试点的企业可能观测到改革效果而主动申请进入试点，而且被纳入试点的企业可能存在某些特征而影响实证检验效果。所以，本章借鉴曹清峰（2020）的做法，采用逐年匹配的方法来控制处理组与控制组样本在某些特征上的差异性，同时缓解处理组样本选择的非随机性问题，从而更加准确地检验国有资本授权经营与国有企业负债水平之间的因果效应。按照1∶3最近邻匹配原则，对处理组进行了逐年的匹配处理。在匹配过程中，将Size、Age、Shrcr1、Ceo、Board以及Idd作为匹配协变量，这些变量的定义与前文模型（5.1）中的变量定义一致。倾向得分匹配的可靠性取决于"独立性条件"是否被满足，所以在报告倾向得分估计结果之前，进行了匹配平衡性检验。从表5-6匹配后均值差异的结果来看，各协变量的组间差异都不显著，证明匹配效果比较好。

表5-6　国有资本授权经营与国有企业负债水平–匹配后均值差异

年份	Size	Age	Shrcr1	Ceo	Board	Idd
2010	0.636	0.612	0.990	0.874	0.768	0.894
2011	0.615	0.478	0.928	0.851	0.543	0.998
2012	0.880	0.605	0.882	0.906	0.693	0.623
2013	0.825	0.303	0.817	0.796	0.407	0.830
2014	0.838	0.738	0.749	1.000	0.786	0.460
2015	0.895	0.489	0.875	0.957	0.598	0.931
2016	0.639	0.558	0.632	0.814	0.818	0.939

年份	Size	Age	Shrcr1	Ceo	Board	Idd
2017	0.891	0.676	0.821	0.903	0.882	0.954
2018	0.840	0.949	0.839	0.837	0.449	0.542
2019	0.818	0.915	0.890	0.851	0.886	0.689

在确定匹配样本后，重新对前文模型（5.1）进行回归，结果如表5-7所示。从最近邻匹配检验结果来看，DID的系数在5%的水平上显著为负，证明国有资本授权经营可以降低国有企业的负债水平的结论不变，具有一定的稳健性。

表5-7　国有资本授权经营与国有企业负债水平-倾向得分匹配法

DepVar =	Lev
DID	-0.012**
	（0.037）
Size	-0.005
	（0.155）
Roa	-0.740***
	（0.000）
Growth	0.005***
	（0.000）
Tang	0.084***
	（0.000）
Nontax	-0.631***
	（0.002）
Age	0.064***
	（0.000）
Shrcr1	0.010
	（0.731）
Ceo	0.011*
	（0.058）
Board	0.023
	（0.148）

续　表

DepVar =	Lev
Idd	0.035
	（0.405）
Year	Yes
Firm	Yes
Constant	0.751***
	（0.000）
Observations	5283
Adj_R^2	0.818

（3）删除试点当年样本检验

根据李文贵等（2017）的做法，考虑到试点当年的制度效果可能存在滞后和噪声影响，本章将试点当年的观测值删除，直接观察试点前后企业负债水平，结果如表5-8所示。DID的系数依然显著为负，研究结论不变。

表5-8　国有资本授权经营与国有企业负债水平–删除试点当年样本检验

DepVar =	Lev
DID	−0.014**
	（0.016）
Size	−0.002
	（0.420）
Roa	−0.741***
	（0.000）
Growth	0.006***
	（0.000）
Tang	0.082***
	（0.000）
Nontax	−0.822***
	（0.000）
Age	0.069***
	（0.000）
Shrcr1	0.002
	（0.912）

DepVar =	Lev
Ceo	0.014*** （0.001）
Board	0.012 （0.280）
Idd	0.018 （0.544）
Year	Yes
Firm	Yes
Constant	0.681*** （0.000）
Observations	8600
Adj_R^2	0.830

（4）平行趋势检验

"平行趋势"假设是实施双重差分分析时的一个关键前提，它要求在外部政策变动发生前，处理组与控制组的变化轨迹必须是相同的。由于处理组样本存在多个不同的试点期，本章借鉴Beck等（2010），Moser和Voena（2012）等的做法，将模型（5.1）扩展为模型（5.2）：

$$Lev_{it} = \alpha_0 + \beta_1 treat_{it} \times before^{4+}{}_{it} + \beta_2 treat_{it} \times before^3{}_{it} + \beta_3 treat_{it} \times before^2{}_{it} +$$
$$\beta_4 treat_{it} \times before^1{}_{it} + \gamma_0 treat_{it} \times after^0{}_{it} + \gamma_1 treat_{it} \times after^1{}_{it} +$$
$$\gamma_2 treat_{it} \times after^2{}_{it} + \gamma_3 treat_{it} \times after^3{}_{it} + \gamma_4 treat_{it} \times after^{4+}{}_{it} + \theta X_{it} +$$
$$\lambda_t + \mu_i + \varepsilon_{it} \tag{5.2}$$

在模型（5.2）中，交乘项 treat × before^n 和 treat × after^m 用来标识企业是否处于进行改革试点的前n年或后m年。若企业在观测期间没有进行改革试点，上述交互项将设为0。在观测期间，对于处理组，当企业处在改革年份前（后）的第n（m）年时，treat × before^n（after^m）= 1。

表5-9展示了模型（5.2）的回归分析结果，当企业距离国有资本授权经营制度实施年份为-4$^+$、-3、-2、-1以及0时，回归系数并无统计性显著；

为1、2、3时，回归系数显著为负。这一结果表明，在实施国有资本授权经营制度之前，处理组和控制组在负债水平上没有显著差异。

表5-9　国有资本授权经营与国有企业负债水平－平行趋势检验

DepVar =	Lev
treat × before^{4+}	−0.001 （0.925）
treat × before^{3}	−0.003 （0.715）
treat × before^{2}	0.002 （0.858）
treat × before^{1}	−0.005 （0.587）
treat × after^{0}	−0.004 （0.638）
treat × after^{1}	−0.011* （0.091）
treat × after^{2}	−0.021** （0.044）
treat × after^{3}	−0.031*** （0.009）
treat × after^{4+}	−0.018 （0.305）
Size	−0.002 （0.375）
Roa	−0.745*** （0.000）
Growth	0.006*** （0.000）
Tang	0.076*** （0.000）
Nontax	−0.789*** （0.000）
Age	0.070*** （0.000）

续　表

DepVar =	Lev
Shrcr1	0.010 （0.622）
Ceo	0.013*** （0.001）
Board	0.013 （0.222）
Idd	0.026 （0.374）
Year	Yes
Firm	Yes
Constant	0.675*** （0.000）
Observations	8900
Adj_R^2	0.829

（5）控制去杠杆政策的影响

中国在2018年4月正式提出要加快国有企业降杠杆工作，此后相关工作会议和改革政策陆续落地，对国有企业的资本结构产生了重要影响。为了控制这一影响，将2018年和2019年的样本剔除，然后对模型（5.1）和模型（5.2）进行重新回归。表5-10报告了国有资本授权经营对国有企业负债水平影响的检验结果。其中DID的系数依然显著，且符号与预期一致，说明控制了去杠杆政策的影响后，国有资本授权经营的影响依然显著。

表5-10　国有资本授权经营与国有企业负债水平－控制去杠杆政策的影响

DepVar =	Lev
DID	−0.006** （0.040）
Size	0.000 （0.947）

续　表

DepVar =	Lev
Roa	−0.710***
	（0.000）
Growth	0.005***
	（0.000）
Tang	0.080***
	（0.000）
Nontax	−0.788***
	（0.000）
Age	0.062***
	（0.000）
Shrcr1	−0.046**
	（0.047）
Ceo	0.011**
	（0.023）
Board	0.001
	（0.923）
Idd	−0.012
	（0.712）
Year	Yes
Firm	Yes
Constant	0.681***
	（0.000）
Observations	7461
Adj_R^2	0.843

（6）控制分批试点的影响

双重差分模型要求事件的发生是无法预期的，由于国有资本授权经营改革试点是逐步展开的，第一批纳入试点的企业可以视作受到外生冲击，但是后面纳入试点的企业可能存在预期。比如预期到下一步改革将影响到企业而提前做出影响企业资本配置的决策，又或者为了获得试点资格而故意调整负债水平……这导致后面纳入改革试点范围的企业受到的改革冲击可能并非纯外生的。虽然国有资本授权经营是政府主动的决策行为，具有一定的外生性，但是为了控制上述分析可能造成的影响，本章采用了以下两种方法：第一种方法，由于第一批开展国有资本授权经营改革试点的时间在2014年，将2015年及以后年份纳入试点的处理组样本删除，仅保留第一批纳入改革试点的处理组样本，利用剩余样本对模型（5.1）进行回归。第二种方法，在模型（5.1）中增添控制变量First，当样本企业属于第一批纳入改革试点的企业时，First赋值为1，否则为0，用来控制国有资本授权经营改革时间差异的影响。

表5-11的（1）列报告了采用第一种方法的回归结果，（2）列报告了采用第二种方法的回归结果，DID的系数依然显著，且符号与预期一致，说明控制了分批试点的影响后，国有资本授权经营的影响依然显著，证明国有资本授权经营对国有企业负债水平的影响具有稳健性。

表5-11　国有资本授权经营与国有企业负债水平－控制分批试点的影响

DepVar =	（1） Lev（方法一）	（2） Lev（方法二）
DID	−0.004* （0.051）	−0.011** （0.033）
First		−0.032 （0.721）
Size	0.003 （0.422）	−0.002 （0.404）
Roa	−0.773*** （0.000）	−0.745*** （0.000）
Growth	0.005*** （0.000）	0.005*** （0.000）
Tang	0.042*** （0.009）	0.078*** （0.000）
Nontax	−0.739*** （0.000）	−0.824*** （0.000）
Age	0.073*** （0.000）	0.069*** （0.000）

续 表

DepVar =	（1） Lev（方法一）	（2） Lev（方法二）
Shrcr1	0.017 （0.449）	0.001 （0.963）
Ceo	0.016*** （0.000）	0.012*** （0.002）
Board	0.014 （0.219）	0.013 （0.246）
Idd	0.001 （0.967）	0.023 （0.429）
Year	Yes	Yes
Firm	Yes	Yes
Constant	0.565*** （0.000）	0.680*** （0.000）
Observations	7331	8900
Adj_R^2	0.835	0.829

（7）工具变量法

国有资本授权经营与国有企业负债水平的关系，可能源自未观测到的变量，为此，本章使用上市公司注册地省份内同行业被纳入国有资本授权经营制度改革试点范围的公司数量作为工具变量。理论上，同省份同行业内被纳入改革试点范围的上市公司数量越多时，某一上市公司被纳入改革试点范围的概率以及受到的改革影响可能越大，但是对上市公司的负债决策没有直接影响。所以，利用上述工具变量，使用2SLS法对国有资本授权经营的作用进行估计，回归结果如表5-12所示，DID的系数绝对值相比主回归结果有所下降，标准误有所上升，但是两个系数依然显著，且符号与预期一致，说明在控制了遗漏变量导致的内生性问题后，国有资本授权经营对国有企业负债水平的影响依然显著。

表5-12 国有资本授权经营与国有企业负债水平-工具变量法

DepVar =	Lev
DID	−0.012* （0.070）
Size	−0.002 （0.373）
Roa	−0.745*** （0.000）
Growth	0.005*** （0.000）
Tang	0.078*** （0.000）
Nontax	−0.824*** （0.000）
Age	0.069*** （0.000）
Shrcr1	0.001 （0.969）
Ceo	0.012*** （0.001）
Board	0.013 （0.211）
Idd	0.023 （0.397）
Year	Yes
Firm	Yes
Constant	0.680*** （0.000）
Observations	8900
Adj_R^2	0.829

5.5 进一步分析

5.5.1 行政级别的调节作用

根据行政层级的不同，国有企业可被划分为中央级和地方级。这两类企业在受政府干预程度以及公司治理结构上呈现显著差异，而且在进行国有资本授权经营制度改革试点方面的规范性和贯彻各类改革举措的积极性等方面存在差异。以地方国有企业为例，分税制改革后，地方政府存在财政收支不平衡问题，在此背景下地方政府为了实现公共管理职能和官员晋升目标，有更强的动机去干预地方国有企业经营决策，对国有企业放权的意愿相比中央政府可能会更小。国有资本授权经营制度改革将授权放权机制贯穿改革的全过程，是制度层面政府对国有企业的直接且正式的放权改革。这会直接降低政府对国有企业的干预能力，进而导致政府基于自身政治任务而干涉企业资本结构决策的行为受到限制。所以，可以合理地推断，地方政府更可能会对削弱其干预能力的国有资本授权经营制度改革产生抵触心理。这会影响对国有企业进行授权放权的数量和实质力度，进而不利于充分发挥国有资本授权经营对国有企业负债水平的影响作用。而中央企业是进行国有资本授权经营制度改革试点的带头羊，政府的授权放权力度和中央企业本身落实改革实践的能力较大，是地方国有企业进行改革试点的重要参考案例和模仿对象。而且，中央企业在资金、人才等方面占有更大的优势，其公司治理机制相对更加完善，有助于更好地落实国有资本授权经营制度改革的系列举措，有效避免管理层权力增大可能引发的代理问题，进而有助于更好地发挥国有资本授权经营对国有企业负债决策的良性治理作用。

为检验行政级别对国有资本授权经营与国有企业负债水平关系的调节作用，在模型（5.1）中加入行政级别（Level，中央企业设为1，地方国有企业设为0）变量，构建如下模型（5.3）：

$$Lev_{it} = \alpha_0 + \beta_1 DID_{it} + \beta_2 DID_{it} \times Level_{it} + \beta_3 Level_{it} + \theta X_{it} + \lambda_t + \mu_i + \varepsilon_{it} \quad （5.3）$$

表5–13报告了模型（5.3）的回归结果，Level × DID的系数不显著，但是对模型（5.1）的分组检验发现DID的系数仅在中央企业样本中显著为负，证明相比地方国有企业，国有资本授权经营对中央企业的影响更为明显。

表5–13　国有资本授权经营、行政级别与国有企业负债水平

DepVar =	Lev
Level × DID	−0.001 （0.190）
Level	−0.016 （0.110）
DID	−0.010 （0.143）
Size	−0.002 （0.353）
Nontax	−0.814*** （0.000）
Age	0.067*** （0.000）
Shrcr1	−0.003 （0.885）
Ceo	0.010** （0.025）
Board	0.008 （0.462）
Idd	0.005 （0.867）
Year	Yes
Firm	Yes
Constant	0.723*** （0.000）
Observations	8864
Adj_R^2	0.826

5.5.2 公司类别的调节作用

通过分析政策文件与试点经验，发现两类公司的建立是国资监管机构在剥离企业管理职能过程中的重要平台。这两类公司在获得授权的范围内代表国家行使出资人的权利，并且有责任将经营的自主权下放给子公司。根据相关政策指导，投资公司更专注于优化国有资本的布局和提高产业竞争力，致力于服务国家战略统筹规划。而运营公司则更注重提高国有资本的投资回报率。为了验证公司类别的调节作用，在模型（5.1）中引入了公司类型（Type，投资公司控股的上市公司设为1，运营公司控股的上市公司设为0）变量，构建如下模型（5.4）：

$$Lev_{it} =\alpha_0 + \beta_1 DID_{it} + \beta_2 DID_{it} \times Type_{it} + \beta_3 Type_{it} + \theta X_{it} + \lambda_t + \mu_i + \varepsilon_{it} \quad (5.4)$$

表5-14报告了模型（5.4）的回归结果，Type×DID的系数在1%的水平上显著为正，与未加入Type变量之前的DID的系数符号方向相反。证明相比受国有资本投资公司控制的企业，国有资本授权经营的作用在国有资本运营公司所属企业中更显著，这与此类公司更追求"提升国有资本运营效率、提高国有资本回报率"的目标相关。该目标的实现会更多地依赖企业价值的最大化，相比投资公司在进行负债决策时可以更多地将政策负担等因素的影响进行剥离。而国有企业的杠杆率问题一直受到各方监管部门的重点关注，尤其是过高的负债水平会造成企业较大的偿债压力和违约风险，促使国有资本运营公司有更强的动机和能力去选择合理的负债水平，促进企业管理者根据企业价值最大化去积极地调整自身的负债水平。

表5-14 国有资本授权经营、公司类别与国有企业负债水平

DepVar =	Lev
Type × DID	0.077*** （0.000）
Type	−0.271*** （0.000）

DepVar =	Lev
DID	−0.058***
	（0.000）
Size	−0.009**
	（0.020）
Roa	−0.679***
	（0.000）
Growth	0.009***
	（0.000）
Tang	0.149***
	（0.000）
Nontax	−0.721*
	（0.066）
Age	0.070***
	（0.000）
Shrcr1	−0.059
	（0.229）
Ceo	0.006
	（0.515）
Board	0.054*
	（0.063）
Idd	0.128*
	（0.088）
Year	Yes
Firm	Yes
Constant	0.499***
	（0.000）
Observations	1645
Adj_R^2	0.824

5.5.3　管理层权力的调节作用

制度背景分析认为，"授权放权"会增大管理者对国有企业经营决策的控制权。虽然机制分析认为，当前国有资本授权经营不会因增大管理层权力而对国有企业负债产生负面影响，但是管理层权力情况是否会对制度实施的作用效果产生影响？为检验管理层权力的调节作用，本研究在模型（5.1）中加入管理层权力（Power）变量，构建如下模型（5.5）：

$$Lev_{it} = \alpha_0 + \beta_1 DID_{it} + \beta_2 DID_{it} \times Power_{it} + \beta_3 Power_{it} + \theta X_{it} + \lambda_t + \mu_i + \varepsilon_{it} \quad (5.5)$$

对于管理层权力（Power）的度量，借鉴权小锋等（2010）、徐细雄和刘星（2013）等的做法，采用内部董事比例（Inboard）、前三名高管薪酬（Income）、股权分散度（Powerdisp）和两职合一情况（Dual）这四个指标进行第一主成分分析获得。其中，内部董事比例（Inboard）等于董事会中担任管理岗位的人员占比，比值越大代表管理层权力越大；高管薪酬（Income）等于前三名高管薪酬总额的自然对数，高管对自身薪酬的控制能力越强越会使自己获得更高的薪水；股权分散度（Powerdisp），当"第2~10大股东持股比例之和/第1大股东持股比例"的值大于1时，Powerdisp赋值为1，小于等于1时，Powerdisp赋值为0，股权结构比较分散时，管理层受到大股东的约束影响可能越小，权力也就越大；两职合一情况（Dual），当董事长兼任总经理时取值为1，否则为0。

表5-15报告了模型（5.5）的回归结果，Power × DID的系数在10%的水平上显著为正，与未加入Power变量之前的DID的系数符号方向相反，表明当企业本身的管理层权力较大时，会抑制国有资本授权经营降低国有企业负债水平的作用，可能的解释为：如果管理者的权力本身就比较大，那么进一步增大管理层权力所能引发的正向影响空间相对有限。而且，由于管理者权力越大越可能基于私人利益进行寻租（Adams et al.，2005；Chen et al.，2010），所以国有资本授权经营在增大这类公司的管理层权力时也更容易引发内部人控制问题的加剧，由此会抑制国有资本授权经营对国有企业负债行为的治理作用。

上述结果也说明，过去的国有企业放权改革遗留下来的内部人控制问题会对国有资本授权经营制度改革的作用效果产生负面影响，关于约束管理层代理行为的监督和激励机制设计依然有待进一步完善，以避免管理层权力增大所可能引发或者加剧的代理问题。

表5-15　国有资本授权经营、管理层权力与国有企业负债水平

DepVar =	Lev
Power × DID	0.010*
	（0.086）
Power	0.009
	（0.133）
DID	0.059
	（0.502）
Size	−0.002
	（0.394）
Roa	−0.742***
	（0.000）
Growth	0.006***
	（0.000）
Tang	0.076***
	（0.000）
Nontax	−0.741***
	（0.000）
Age	0.070***
	（0.000）
Shrcr1	−0.002
	（0.907）
Ceo	0.009*
	（0.092）
Board	0.017
	（0.129）
Idd	0.035
	（0.249）
Year	Yes
Firm	Yes
Constant	0.590***
	（0.000）
Observations	8854
Adj_R^2	0.854

5.5.4　债务融资优惠的调节作用

预算软约束问题让国有企业获得债务融资优势（方军雄，2007），使债务融资的公司治理作用和约束力被弱化，导致国有企业管理者降低负债水平的动机较小（Qian et al.，2009；肖泽忠、邹宏，2008），这也是导致国有企业资本结构调整不及时的最重要因素（赵兴楣、王华，2011；盛明泉 等，2012；钟宁桦 等，2016）。为进一步考察债务融资优惠的调节作用，在模型（5.1）中加入债务融资优惠程度（DP）变量，构建如下模型（5.6）：

$$Lev_{it} = \alpha_0 + \beta_1 DID_{it} + \beta_2 DID_{it} \times DP_{it} + \beta_3 DP_{it} + \theta X_{it} + \lambda_t + \mu_i + \varepsilon_{it} \qquad (5.6)$$

在模型（5.6）中，首先利用各企业的年利息支出与年初负债总额的比值减去该比例的行业均值计算出 α_0，α_0 值越大代表企业享有的债务融资优惠程度越低。当企业享有的债务融资优惠程度较高时（α_0 值小于样本均值），DP 赋值为 1，否则为 0。

表5-16报告了模型（5.6）的回归结果，DP × DID 的回归系数在 5% 的水平上显著为正，与未加入 DP 变量之前的 DID 的系数符号方向相反，代表债务融资优惠程度增大时，会抑制国有资本授权经营降低国有企业负债水平的作用，可能的解释为：当企业一贯享有的债务融资便利性较高时，企业对政府救助企业财务危机的预期也会比较高，这会弱化管理层因国有资本授权经营改革而降低负债融资的意愿。可以推测，即使国有资本授权经营能够向外部资本市场释放出弱化政府对国有企业进行隐性担保的信息，但只要企业本身享有的债务融资便利性依然比较高，国有资本授权经营约束企业负债行为的作用就会受到限制。所以，要想更好地发挥国有资本授权经营的作用，不仅需要继续有效落实国有资本授权经营的各项核心举措，同时也需要政府部门配合减少对国有企业的间接干预。例如减少干预银行信贷政策、政府补贴政策等行为，促使国有企业在资源配置上与非国有企业能够公平竞争，进而促进其按照市场规则优化自身的融资决策机制。

表5-16 国有资本授权经营、债务融资优惠与国有企业负债水平

DepVar =	Lev
DP × DID	0.037** （0.027）
DP	−0.005 （0.144）
DID	−0.013** （0.013）
Size	−0.002 （0.369）
Roa	−0.744*** （0.000）
Growth	0.005*** （0.000）
Tang	0.079*** （0.000）
Nontax	−0.831*** （0.000）
Age	0.070*** （0.000）
Shrcr1	0.002 （0.919）
Ceo	0.012*** （0.002）
Board	0.013 （0.243）
Idd	0.025 （0.392）
Year	Yes
Firm	Yes
Constant	0.682*** （0.000）
Observations	8900
Adj_R^2	0.829

5.6　作用机制检验

前文的理论分析指出，国有资本授权经营影响国有企业负债水平的作用机制主要可以划分为政府干预和企业内部人控制两个方面：一方面，通过改组组建两类公司和授权放权等举措减少政府对国有企业的行政干预，抑制国有企业因承担政策性负担而对负债决策产生的影响；另一方面，通过公司治理机制的完善和国有资产监管效率的提升来缓解股东与管理层之间的代理问题，提升管理者降低负债水平的意愿，从而促进国有企业的负债决策更符合企业价值最大化的现实需要。尽管之前的实证分析证实了国有资本授权经营能有效降低国有企业的负债水平这一观点，但是这其中发挥重要影响的作用机制是否源于政府行政干预的减少以及内部人控制问题的有效制约？对此有必要进行相应的机制检验。本节主要通过中介效应模型和金字塔层级指标对上述两项作用机制进行检验。

根据温忠麟和叶宝娟（2014）的研究，中介效应检验应当采取以下联立方程：

$$Y = cX + u_1 \tag{5.7}$$

$$M = aX + u_2 \tag{5.8}$$

$$Y = c'X + bM + u_3 \tag{5.9}$$

检验步骤如下：第一步，对模型（5.7）进行回归，如果系数 c 显著，说明 X 对 Y 产生显著影响，那么进入下一步检验，否则停止检验；第二步，对模型（5.8）进行回归，如果系数 a 显著，说明 X 会影响 M，进入下一步检验；第三步，对模型（5.9）进行回归，如果系数 c' 显著并且系数 b 显著，说明 X 对 Y 的影响至少有一部分是通过 M 实现的，即存在部分中介效应，如果系数 c' 不显著并且 b 显著，则说明存在完全中介效应。此外，在 a 或者 b 存在不显著的情况下，需要进一步做 Sobel 检验，以此判断中介效应是否存在。由于第一步检验已经在前述实证设计中加以说明，本部分仅列示第二步和第三步的中介检验模型：

在第二步中，设置如下模型（5.10）来检验国有资本授权经营对政府干预和内部人控制相关变量的影响：

$$M_{it} = \alpha_0 + \beta_1 DID_{it} + \theta X_{it} + \lambda_t + \mu_i + \varepsilon_{it} \qquad （5.10）$$

在模型（5.10）中，M可以根据具体机制分析替换为Burden或者Agency。X代表控制变量，包括Size、Growth、Tang、Nontax、Roa、Age、Shrcr1、Ceo、Board、Idd，变量定义与前文一致。

在政府干预机制方面，已有文献多从政策性负担视角探讨政府干预问题（Lin et al.，1998；林毅夫、李志赟，2004；白俊、连立帅，2014）。所以，借鉴这一做法，参考林毅夫和李志赟（2004）、白俊和连立帅（2014）、张霖琳等（2015）研究，构建模型（5.11）来预测企业的资本密集度的期望值，接着用实际观测值与这一期望值相减，得到的差异如果为正值，则表示为战略性负担，如果为负值，则表示社会性负担。两种差异的绝对值，即为政策性负担（Burden）的综合度量。

$$INTENC_{it} = \alpha_0 + \beta_1 Size_{it-1} + \beta_2 Lev_{it-1} + \beta_3 Roa_{it-1} + \beta_4 Growth_{it-1} +$$

$$\beta_5 Tangible_{it-1} + Zone + Industry + Year + \varepsilon_{it} \qquad （5.11）$$

在模型（5.11）中，INTENC表示资本密集度（等于每百万固定资产净值与雇佣员工数的比值），Tangible为资产结构（等于年末有形资产总值/总资产），Zone、Industry和Year分别为省份、行业、年份的虚拟变量。其他变量的定义与前文一致，此处不再赘述。

在内部人控制方面，以管理层代理成本（Agency）衡量企业内部人控制问题程度。具体计算时，借鉴戴亦一等（2016）研究，采用管理费用率来度量，该值越大表示管理层利用手中控制权追求个人利益造成的代理成本越高，内部人控制问题越严重。

在第三步中，设置模型（5.12）：

$$Lev_{it} = \alpha_0 + \beta_1 DID_{it} + \beta_2 M + \theta X_{it} + \lambda_t + \mu_i + \varepsilon_{it} \qquad （5.12）$$

在模型（5.12）中，M可根据研究问题替换为Burden（政策性负担水平）以及Agency（管理层代理成本），控制变量X与前文模型（5.1）一致，此处不再赘述。

表5-17报告了国有资本授权经营影响国有企业负债水平的机制检验结果。在第一步中，国有资本授权经营制度实施哑变量（DID）的系数在1%的水平上显著为负。在第二步中，DID与政策性负担水平（Burden）的系数在1%的水平上显著为负，说明国有资本授权经营能够显著减小政策负担；DID与管理层代理成本（Agency）的系数在1%的水平上显著为负，说明国有资本授权经营能够有效降低管理层代理成本。在第三步中，政策性负担水平（Burden）的系数和管理层代理成本（Agency）的系数均在1%的水平上显著为正，DID的系数依然显著为负，而且其系数值的大小和显著性相比第一步都有所变小，证明存在部分中介效应。上述中介效应检验证明，政府干预的降低和内部人控制的有效治理发挥了部分中介效用。

表5-17　国有资本授权经营与国有企业负债水平－影响机制检验

DepVar =	政府干预机制			内部人控制机制	
	第一步	第二步	第三步	第二步	第三步
	Lev	Burden	Lev	Agency	Lev
Burden			0.046*** （0.000）		
Agency					0.150*** （0.000）
DID	−0.086*** （0.000）	−0.395*** （0.000）	−0.061*** （0.000）	−0.159*** （0.000）	−0.063*** （0.000）
Size	0.051*** （0.000）	0.046*** （0.000）	0.055*** （0.000）	0.094*** （0.000）	0.038*** （0.000）
Roa	−0.537*** （0.000）	−0.054 （0.684）	−0.580*** （0.000）	2.106*** （0.000）	−0.855*** （0.000）
Growth	0.017*** （0.000）	0.006 （0.197）	0.019*** （0.000）	0.020*** （0.000）	0.015*** （0.000）
Tang	−0.147*** （0.001）	−0.307*** （0.000）	−0.100** （0.036）	−0.578*** （0.000）	−0.059 （0.185）
Nontax	0.715 （0.113）	2.896*** （0.000）	0.524 （0.264）	5.941*** （0.000）	−0.170 （0.696）

DepVar =	政府干预机制			内部人控制机制	
	第一步	第二步	第三步	第二步	第三步
	Lev	Burden	Lev	Agency	Lev
Age	0.016	−0.038	0.047*	−0.106**	0.039**
	（0.348）	（0.370）	（0.075）	（0.018）	（0.050）
Shrcr1	−0.967***	−0.759***	−0.934***	−0.967***	−0.833***
	（0.000）	（0.000）	（0.000）	（0.000）	（0.000）
Ceo	−0.016	0.063***	−0.024*	−0.047*	−0.011
	（0.215）	（0.004）	（0.079）	（0.094）	（0.382）
Board	−0.054	0.007	−0.063*	−0.146**	−0.032
	（0.111）	（0.907）	（0.076）	（0.048）	（0.332）
Idd	0.742***	0.011	0.782***	0.767***	0.652***
	（0.000）	（0.941）	（0.000）	（0.000）	（0.000）
Year	Yes	Yes	Yes	Yes	Yes
Firm	Yes	Yes	Yes	Yes	Yes
Constant	−1.116***	−0.753*	−1.288***	−1.782***	−0.882***
	（0.000）	（0.063）	（0.000）	（0.001）	（0.000）
Observations	8900	8558	8558	8900	8900
Adj_R^2	0.927	0.737	0.927	0.892	0.934

5.7　本章小结

　　研究结果显示，国有资本授权经营对降低国有企业的负债水平具有明显的作用。分别进行安慰剂检验、倾向得分匹配法、删除试点当年样本检验、平行趋势检验、控制去杠杆政策的影响等检验后，证明本章的研究结论具有一定的稳健性。

　　进一步研究发现，对于国有资本授权经营的作用，相比于地方国有企业，在中央企业中更显著；相比受国有资本投资公司控制的企业，这一作用在国有资本运营公司控制的企业中更显著；相比管理层权力较大的企业，这一作用在管理层权力较小的企业中更显著；相比于享有更高债务融资优惠的企业，这一作用在享有更低债务融资优惠的企业中更显著。最后本章还对国有资本授权经营影响国有企业负债水平的机制进行了检验，结果证明降低政府干预和抑制内部人控制是两条重要作用路径。

6 国有资本授权经营与国有企业资本结构动态调整

6.1 引言

资本结构调整有助于企业降低财务风险，增强市场竞争力，实现可持续发展。国有控股企业作为国有资产的核心运营实体，其资本结构的适时优化对于这些企业的持续发展至关重要，并且对于在宏观层面上改善国有资产的配置具有基础性作用。当前国有经济的改革已经进入关键阶段，关注国有企业的资本决策机制对于助力国有资本结构的优化调整十分必要。然而，当前对资本结构调整的研究主要考察了政府控制、地区市场化、产业政策以及数字金融等因素（姜付秀、黄继承，2011；赵兴楣、王华，2011；韩金红、潘莹，2021；金丹、田敏嫦，2023），对国有企业的关注不足，并且缺乏关于国有资本授权经营制度改革影响的研究。

6.2 理论分析与研究假设

资本结构动态调整理论认为，企业存在最优的目标资本结构（Kraus and Litzenberger，1973），它由企业的具体经营状况、市场竞争水平等内外部环境状况决定（Hovakimian et al.，2001）。为了提高企业价值和改善未来经营状况，企业会调整自身资本结构来主动接近或者达到目标资本结构（Graham and Harvey，2001；Drobetz and Wanzenried，2006；Byoun，2008）。

政府的行政干预使国有企业的资本配置行为偏离了企业价值最大化目标，降低了其向目标资本结构调整的动机和速度。首先，由于政策性负担的存在，与单一地追求企业价值最大化的民营企业不同，国有企业在经营决策上更侧重于保障就业、拉动地区经济增长等政治目标的实现，导致国有企业以提高企业价值为唯一目标来调整资本结构的动机较小。其次，在成熟的资本市场中，信贷融资能够通过发挥债权人的监督约束作用和还本付息的压力，来促使管理层按照企业价值最大化要求做出合理的投融资决策并注意实现资本结构向目标资本结构的及时调整。但是政府干预银行信贷决策弱化了国有企业的杠杆治理作用（Sapienza，2004；方军雄，2007；余明桂、潘红波，2008）。在此背景下，国有企业管理者为了增大手中的控制权，有动机通过负债融资来增加资产投资，从而导致企业的实际负债水平偏离其最优状态（Qian et al.，2009；盛明泉 等，2012）。此外，从内部人控制角度来看，国有企业存在出资人职能缺失、委托代理关系层次多等问题，使得管理层的行为难以受到股东的适当监管，从而频繁引发道德风险问题（张敏 等，2010），这弱化了管理层根据目标资本结构来及时调整企业资本结构的动机。

基于国有资本授权经营的核心改革举措，本章在与第5章假设5.1相同的逻辑思路下，对国有资本授权经营与国有企业资本结构调整速度的关系进行了分析，具体内容如下：

首先，国有资本授权经营能够通过改组组建两类公司和对国有企业的授权放权来降低政府对国有企业的行政干预程度，促进实现国有企业出资者和监督者的分离和到位。这有助于将政策性负担从国有企业经营目标决策中有效剥离，促进提升国有企业以提高企业价值为目标来及时调整资本结构的动机和能力。其次，政府干预的降低导致企业履约成本上升以及预算约束更加硬化（陈钊，2004；孙铮 等，2005），有助于促进国有企业管理层将自身利益的提高寄托于企业价值的最大化，促使其主动根据目标资本结构来及时调整融资决策。最后，治理机制的完善有助于约束管理层的代理行为，而合理的资本结构有助于提升国有企业的价值和未来经营状况，有助于降低国有企业管理层的业绩考核压力，甚至帮助其在关于政治晋升的"锦标赛"中脱颖而出。这有助于促使国有企业管理层更加关注企业自身资本结构的合理性，也更有动力为适应企业内外部环境的变化，及时地对资本结构进行优化。

此外，国有资本授权经营过程中的授权放权举措使国有企业管理层获得了充分的自主经营权。虽然管理层权力的增大可能会加剧国有企业的内部人控制问题，但是在预期资本结构及时调整会有助于提升管理者个人利益的情况下，能够促使国有企业管理层更有动机和能力根据内外部环境状况及时调整资本结构。而且，已有文献已经证明，制度因素是影响中国企业融资行为的最主要因素（Li et al.，2009），其中政府干预造成的政策性负担是导致国有企业未高效利用资源和资本结构调整不及时的最重要因素（赵兴楣、王华，2011；盛明泉 等，2012；钟宁桦 等，2016），尚未有文献证明，国有企业管理层权力增大与国有企业的资本配置结构调整速度存在显著的负向关系。

综上所述，提出以下假设：

研究假设6.1：国有资本授权经营对提升国有企业资本结构调整速度有显著的促进作用。

6.3 研究设计

6.3.1 样本选取与数据来源

本章以2010—2021年的国有控股上市公司为考察对象。之所以选择2010年为起始年，原因在于后文双重差分实证模型需要比较试点前后企业变量的变动情况，而改革国有资本授权经营体制的观点在2013年被正式提出，相关的改革试点工作基本上从这一年开始筹划进行，以此为基准往前推3年（为避免时间跨度过长带来过多的噪声影响，已有文献大多以3年为期）时间为2010年。研究数据主要收集自国泰安数据库，排除了数据不完整、金融行业以及带有ST、SST、*ST标识的样本，最终筛选出1419个实验组样本和8882个对照组样本，总共得到了10301个有效样本。对所有连续性变量进行了1%的缩尾处理。

6.3.2 变量定义与模型构建

为了验证假设6.1，本章借鉴盛明泉等（2016）以及顾研和周强龙（2018）的研究，初步构建了以下模型：

$$Lev^*_{it} = \beta_0 + \beta_1 X_{it-1} + \sum Firm + \sum Year + \varepsilon_{it} \tag{6.1}$$

$$Lev_{it} - Lev_{it-1} = D_{it}/A_{it} - D_{it-1}/A_{it-1} = \delta(Lev^*_{it} - Lev_{it-1}) + \varepsilon_{it} \tag{6.2}$$

模型（6.1）用来估计企业的目标资本结构（Lev*），其中，X代表了一系列反映公司特性的变量，具体包括公司规模（Size）、盈利能力（Roa）、成长能力（Growth）、有形资产占比（Tang）、非债务税盾（Nontax）、资本结构的行业均值（Indlev）。在模型（6.2）中D表示公司的总负债，A代表公司的总资产，Lev在这里指的是公司实际的资本结构比例。δ为调整参数，0<δ<1（Öztekin and Flannery，2012）。

接下来，采用公司实际的资本结构比例（Lev）数据以及公司特征变量（X）的实际数值来对模型（6.1）进行回归分析。在估计出β系数之后，使用X的实际数值来推算出目标资本结构（Lev*），同时将这一结果纳入模型（6.2）中，并引入国有资本授权经营制度实施哑变量（DID），构建出下面的模型：

$$Y_{it} = Lev_{it} - Lev_{it-1} = (\delta_0 + \delta_1 DID) Dev_{it} + \sum Firm + \sum Year + \varepsilon_{it} \tag{6.3}$$

在模型（6.3）中，定义Y_{it}为Lev_{it}与Lev_{it-1}的差值，表示资本结构的实际调整偏差。Dev_{it}为Lev^*_{it}与Lev_{it-1}的差值，代表资本结构的目标调整偏差。为了防止变量间的多重共线性，在模型（6.1）中未设个体分组变量treat和时间前后哑变量period。其他变量的具体定义如下表6-1：

表6-1 模型（6.3）主要变量的定义和说明

变量符号	变量名称	计算方法
Lev	实际资本结构	期末资产负债率
Lev*	目标资本结构	参照模型（6.1）计算得出
Y	资本结构的实际调整偏差	$Lev_{it} - Lev_{it-1}$，等于 t 年实际资产负债率与 t-1 年实际资产负债率的偏差
Dev	资本结构的目标调整偏差	$Lev*_{it} - Lev_{it-1}$，等于 t 年目标资产负债率与 t-1 年实际资产负债率的偏差
DID	国有资本授权经营制度实施哑变量	当样本属于处理组且已进行国有资本授权经营时，DID 赋值为 1，其他样本赋值为 0
Size	公司规模	年末总资产的自然对数
Roa	盈利能力	总资产收益率
Growth	成长能力	营业收入增长率
Tang	有形资产占比	年末固定资产与年末总资产的比值
Nontax	非债务税盾	期末折旧与总资产之比
Indlev	资本结构的行业均值	当年所处行业的资产负债率的均值
Age	公司年龄	期末上市年数加 1 的自然对数
Shrcr1	股权集中度	第一大股东持股比例
Ceo	两职合一	当董事长兼任总经理时赋值为 1，否则取 0
Board	董事会规模	期末董事会总人数的自然对数
Idd	独立董事比例	期末独立董事人数与董事会总人数的比值

6.4 实证结果与分析

6.4.1 描述性统计

表6-2列示了描述性统计结果。对于均值和中位数，实际资本结构（Lev）的统计结果分别为0.505、0.512，这表明超过一半的国有企业的负债率在0.5以上，这一结果与盛明泉等（2012）和马新啸等（2021）的发现类似；实际资本结构调整的偏差（Y）的统计结果分别是0.003、0.002，而目

标资本结构调整的偏差（Dev）的统计结果分别是0.003、−0.003，这些结果与郑曼妮等（2018）、黄俊威和龚光明（2019）的研究结果相近。

表6-2　模型（6.3）主要变量描述性统计

变量	均值	标准差	下四分位	中位数	上四分位
Lev	0.505	0.204	0.354	0.512	0.658
Lev*	0.504	0.089	0.442	0.496	0.561
Y	0.003	0.066	−0.024	0.002	0.032
Dev	0.003	0.157	−0.109	−0.003	0.111
DID	0.101	0.301	0.000	0.000	0.000
Burden	0.763	1.158	0.236	0.510	0.892
Agency	0.646	0.414	0.335	0.555	0.853
Size	22.830	1.393	21.820	22.680	23.720
Roa	0.033	0.049	0.011	0.030	0.056
Growth	0.124	0.297	−0.028	0.087	0.224
Tang	0.251	0.192	0.091	0.206	0.382
Nontax	0.026	0.017	0.013	0.023	0.036
Indlev	0.503	0.083	0.445	0.506	0.531
Age	0.388	0.150	0.267	0.375	0.503
Shrcr1	0.097	0.295	0.000	0.000	0.000
Ceo	2.660	0.562	2.485	2.833	3.045
Board	2.199	0.195	2.079	2.197	2.303
Idd	0.372	0.056	0.333	0.333	0.400
CapInt	1.027	3.697	0.178	0.354	0.819

6.4.2　相关性分析

表6-3展示了主要变量之间的相关性检验的结果。从表中可以看到，资本结构的目标调整偏差（Dev）与资本结构的实际调整偏差（Y）的相关系数为0.185，并且在1%的显著性水平上显著，这表明企业会调整其实际资本结构以接近最优水平。由于在计算目标资本结构（Lev*）时直接使用了实际

表6-3 模型（6.3）主要变量的相关系数矩阵

变量	Lev	DID	Lev*	Y	Dev	Size	Roa	Growth	Tang	Nontax	Indlev
Lev	1										
DID	0.002	1									
Lev*	0.609***	0.050***	1								
Y	0.175***	-0.013	-0.032***	1							
Dev	-0.826***	0.020***	-0.227***	0.185***	1						
Size	0.405***	0.145***	0.818***	0.003	-0.065***	1					
Roa	-0.417***	0.017*	-0.262***	-0.213***	0.264***	0.041***	1				
Growth	0.031***	0.014	0.010	0.102***	-0.002	0.067***	0.250***	1			
Tang	0.004	0.040***	0.042***	-0.054***	0.003	0.054***	-0.085***	-0.038***	1		
Nontax	-0.098***	0.003	-0.093***	-0.059***	0.059***	-0.027***	-0.079***	-0.058***	0.740***	1	
Indlev	0.406***	-0.006	0.475***	0.0150	-0.251***	0.225***	-0.120***	0.037***	-0.178***	-0.268***	1

注：*、**、***分别表示在10%、5%、1%的水平下显著。

资本结构（Lev）、非债务税收优惠（Nontax）等数据。资本结构的目标调整偏差（Dev）的结果存在类似情况。

6.4.3　回归结果分析

表6-4展示了对假设6.1的检验结果。在（1）列中，资本结构的目标调整偏差（Dev）的系数为0.331，并且在1%的显著性水平上显著，这表明被观测的公司确实有向其目标资本结构调整的现象。在（2）列中，国有资本授权经营与目标资本结构调整偏差（DID×Dev）的系数为0.068，且在1%的显著性水平上显著，表明国有资本授权经营提高了国有企业资本结构的调整速度，从而支持了前文的假设6.1。

表6-4　国有资本授权经营与资本结构调整速度

DepVar =	（1）	（2）
	Y	Y
Dev	0.331*** （0.000）	0.327*** （0.000）
DID×Dev	0.327	0.068*** （0.001）
Year	Yes	Yes
Firm	Yes	Yes
Constant	0.008*** （0.002）	0.008*** （0.002）
Observations	10301	10301
Adj_R^2	0.157	0.158

注：***、**、*分别表示在1%、5%和10%的水平下显著，括号内为P值。下表同。

6.4.4　稳健性测试

（1）平行趋势检验

"平行趋势"假设是实施双重差分时的一个关键前提，它要求在外部政策变动发生前，处理组与控制组的变化轨迹必须是相同的。由于处理组样本存在多个不同的试点期，将模型（6.3）扩展为模型（6.4）：

$$Y_{it} = (\delta_0 + \delta_1 treat_{it} \times base_{it} + \delta_2 treat_{it} \times before^2_{it} + \delta_3 treat_{it} \times before^1_{it} +$$

$$\delta_4 treat_{it} \times after^0_{it} + \delta_5 treat_{it} \times after^1 it + \delta_6 treat_{it} \times after^2_{it} +$$

$$\delta_7 treat_{it} \times after^{3+}_{it}) Dev_{it} + \sum Firm + \sum Year + \varepsilon_{it} \qquad （6.4）$$

在模型（6.4）中，交乘项 $treat \times before^n$ 和 $treat \times after^m$ 用以标识企业是否处于进行改革试点的前 n 年或后 m 年。base 为基期标志，始终为 0。

表 6-5 报告了模型（6.4）的回归结果。当企业距离国有资本授权经营制度实施年份为 -2 时，回归系数不显著；为 -1、0、1、2、3^+ 时，回归系数显著为负。这一结果表明在实施国有资本授权经营制度之前，处理组和控制组在资本结构调整方面没有显著差异。

表6-5　国有资本授权经营与资本结构调整速度 - 平行趋势检验

DepVar =	Y
Dev	0.323*** （0.000）
$treat \times before^2 \times Dev$	0.054 （0.158）
$treat \times before^1 \times Dev$	0.065* （0.091）
$treat \times after^0 \times Dev$	0.099** （0.012）
$treat \times after^1 \times Dev$	0.089** （0.026）
$treat \times after^2 \times Dev$	0.089** （0.022）

DepVar =	Y
treat × after^3 × Dev	0.126***
	（0.000）
Year	Yes
Firm	Yes
Constant	0.008***
	（0.002）
Observations	10301
Adj_R^2	0.159

（2）安慰剂检验

借鉴史贝贝等（2019）的做法，在处理组和控制组内各随机选定一半样本，将其假想为受到国有资本授权经营改革的影响，采用随机设定的 Random1、Random2 来替代 DID 指标来估计假想效果。完成上述步骤后，对前述模型（6.3）再次进行回归分析，若发现结果不再显著，则表明国有资本授权经营的影响是显著的，并且这一结果不会受到其他偶然因素的干扰。

安慰剂检验的结果如表6-6所示，Random1、Random2 的系数均不再显著，证明资本结构调整速度的变化确实来源于国有资本授权经营制度改革冲击。

表6-6　国有资本授权经营与资本结构调整速度–安慰剂检验

DepVar =	（1）处理组	（2）控制组
	Y	Y
Dev	0.427***	0.323***
	（0.000）	（0.000）
Random1 × Dev	−0.009	
	（0.645）	
Random2 × Dev		−0.001
		（0.884）
Year	Yes	Yes

续　表

DepVar =	（1）处理组	（2）控制组
	Y	Y
Firm	Yes	Yes
Constant	0.008 （0.501）	0.009*** （0.000）
Observations	1419	8882
Adj_R^2	0.221	0.152

（3）倾向得分匹配检验

由于国有资本授权经营改革试点是逐步进行的，后期进入试点的企业可能观测到改革效果而主动申请进入试点，而且被纳入试点的企业可能存在某些特征而影响实证检验效果。所以，借鉴曹清峰（2020），按照1∶3最近邻匹配原则，对处理组进行了逐年的匹配处理。在匹配过程中，考虑了Size、Age、Shrcr1、Ceo、Board和Idd作为协变量，变量定义与前文变量定义与模型设定一致。进行倾向得分匹配后，回归结果如表6–7所示。前文结果稳定。

表6–7　国有资本授权经营与资本结构调整速度–倾向得分匹配检验

DepVar =	Y
Dev	0.297*** （0.000）
DID × Dev	0.075*** （0.000）
Year	Yes
Firm	Yes
Constant	0.002 （0.755）
Observations	3610
Adj_R^2	0.154

（4）替换目标资本结构计算方法

鉴于企业资本结构的调整可能并非完全达到目标状态，而是进行部分调整（黄继承、姜付秀，2015；郑曼妮 等，2018年），在估算目标资本结构（Lev*）时，首先将模型（6.1）的结果应用到模型（6.2）中，构建出新的模型（6.5）。随后，获取这个新模型回归结果中的β系数，再代入模型（6.1）来估算目标资本结构（Lev*）。这种方法有助于更准确地捕捉到企业资本结构调整的动态过程。

$$Lev_{it} = (1-\delta)Lev_{it-1} + \delta\beta X_{it-1} + \sum Firm + \sum Year + \varepsilon_{it} \qquad （6.5）$$

修改了目标资本结构的计算方法后，检验结果如表6-8所示，前文结果稳定。

表6-8　国有资本授权经营与资本结构调整速度－替换目标资本结构计算方法

DepVar =	Y
Dev	0.323*** （0.000）
DID × Dev	0.044*** （0.005）
Year	Yes
Firm	Yes
Constant	−0.028*** （0.000）
Observations	10301
Adj_R^2	0.163

（5）删除试点当年样本的测试

借鉴李文贵等（2017）的做法，考虑到试点当年的制度效果可能存在滞后性或者受噪声影响，将试点当年的观测值删除，直接观察试点前后企业资本结构调整速度的变化，结果如表6-9所示。DID × Dev的系数依然显著为正，与前文主回归的结果基本一致，研究结论不变。

表6-9　国有资本授权经营与资本结构调整速度 – 删除试点当年样本检验

DepVar =	Y
Dev	0.325***
	（0.000）
DID × Dev	0.059***
	（0.009）
Year	Yes
Firm	Yes
Constant	0.008***
	（0.001）
Observations	10103
Adj_R^2	0.157

（6）其他稳健性检验

①对于中央企业的分析。为了缓解改革试点名单披露不全造成的可能影响，本章选择中央企业样本进行稳健性检验。当前中央企业已经开展了三批试点，改革经验较丰富，改革方案也更完善和清晰。表6-10的（1）列呈现了采用中央企业样本的检验结果，研究结论保持稳定。

②调整资本结构的衡量方式。前文在测度资本结构时采用了总负债数据，但是其中的金融性负债可能与政府干预、内部人控制的关系更强一些。因此，本章参考黄继承等（2014）的做法，采用有息负债总额与资产总额的年末比值来衡量资本结构。有息负债包括短期借款、应付票据、一年内到期的非流动负债、长期借款、应付债券、应付票据以及交易性金融负债等。进行这一修改后，检验结果见表6-10的（2）列，研究结果依然保持稳定。

③控制其他特征的影响。考虑到前文模型（6.3）没有控制变量，本研究借鉴王朝阳等（2018）、黄俊威和龚光明（2019）的做法，进行如下检验：

首先，将模型（6.1）和模型（6.2）结合起来，并引入控制变量（C），从而构建出模型（6.6）：

$$Lev_{it} - Lev_{it-1} = \delta(Lev^*_{it} - Lev_{it-1}) + \theta C_{it-1} + \sum Firm + \sum Year + \varepsilon_{it} \quad (6.6)$$

在模型（6.6）中，C包括Age、Shrcr1、Ceo、BS以及Idd，这些变量的定义与前文一致。

参考黄俊威和龚光明（2019）的做法，将调整参数 δ 定义为常数项 λ_0 与国有资本授权经营（DID）的线性函数，如模型（6.7）所示：

$$\Delta = \lambda_0 + \lambda_1 DID \tag{6.7}$$

通过联立模型（6.1）、（6.6）、（6.7），得到模型（6.8）：

$$Lev_{it} = -\lambda_1 DID \times Lev_{it-1} + (1-\lambda_0) Lev_{it-1} + \lambda_0 \beta X_{it-1} + \lambda_1 \beta Treat_{it} \times Period_{it} \times$$
$$X_{it-1} + \theta Controls_{it-1} + \sum Firm + \sum Year + \varepsilon_{it} \tag{6.8}$$

在模型（6.8）中，λ_1 反映了国有资本授权经营对资本结构调整速率的影响。

表6-10的（3）列展示了控制其他特征影响的回归结果，λ_1 显著为正，表明国有资本授权经营能够显著促进资本结构调整速度提升，即前文结果具有稳健性。

表6-10　国有资本授权经营与资本结构调整速度－其他稳健性测试

DepVar =	（1）	（2）	（3）
	Y	Y	Y
Dev	0.314***	0.412***	
	（0.000）	（0.000）	
DID × Dev	0.078**	0.091***	
	（0.016）	（0.003）	
DID × Lev$_{it-1}$			−0.075***
			（0.000）
Lev$_{it-1}$			0.674***
			（0.000）
DID × Size$_{it-1}$			−0.002
			（0.139）
DID × Roa$_{it-1}$			0.002
			（0.979）
DID × Growth$_{it-1}$			0.000
			（0.986）

DepVar =	（1）	（2）	（3）
	Y	Y	Y
$DID \times Tang_{it-1}$			0.028 （0.281）
$DID \times Nontax_{it-1}$			−0.259 （0.437）
$DID \times Indlev_{it-1}$			0.153*** （0.001）
X			Yes
C			Yes
Year	Yes	Yes	Yes
Firm	Yes	Yes	Yes
Constant	−0.006 （0.156）	−0.002 （0.548）	−0.054 （0.251）
Observations	3443	6743	10300
Adj_R^2	0.151	0.193	0.518

6.5 进一步分析

6.5.1 非国有股东治理的调节作用

当前非国有股东治理在国有企业改革和国有企业公司治理完善方面扮演者十分重要的角色。国有股权在名义上属于人民，导致缺乏明确的主体来对国有企业行使产权职能。现有研究表明，通过混合所有制改革和增加非国有股东持股，国有企业的股东治理效率会被提升，原本的政府干预和内部人控制问题能够因此得到缓解（马连福 等，2012；蔡贵龙 等，2018；马新啸 等，2021），国有企业的资本结构调整速度也会受到正面影响（张慧敏 等，2021）。所以，在非国有股东治理作用较强的情况下，国有资本授权经

营的效果可能不会太明显。为了考察非国有股东治理的调节作用，本章以非
国有股东持股比例（SHR_Nonsoe，等于采用前十大股东中第一大非国有股
东的持股比例）的中位数为界，将样本分为低持股组和高持股组，进行分组
检验。

表6-11报告了检验非国有股东治理的调节作用的结果。国有资本授权
经营与资本结构的目标调整偏差的交乘项（DID×Dev）的系数只在（1）列
显著为正，该列为低非国有股东持股组的结果。随着非国有股东持股比例的
提升，政府部门通过国有股权控制来影响国有企业决策的难度会加大，对管
理层行为的约束作用也更加显著。在此情况下，国有资本授权经营的潜在影
响可能表现较弱。这一观察结果进一步验证了本章机制分析的逻辑。

表6-11　国有资本授权经营、非国有股东治理与资本结构调整速度

DepVar =	（1）	（2）
	低非国有股东持股组	高非国有股东持股组
	Y	Y
Dev	0.335***	0.456***
	（0.000）	（0.000）
DID × Dev	0.089***	0.058
	（0.004）	（0.160）
Year	Yes	Yes
Firm	Yes	Yes
Constant	0.009**	0.005
	（0.026）	（0.226）
Observations	4267	4246
Adj_R^2	0.150	0.249

6.5.2　公司类别的调节作用

成立两类公司是国有资本授权经营改革的关键步骤。依照相关政策指
导，投资公司主要致力于在宏观层面上优化资本配置和增强产业的核心竞争
力。这类公司通常承担着国家战略使命。相较之下，运营公司则侧重于提升

投资的回报率，关注公司的直接经济效益，并且更有动力去减少政府对企业的干预，以及处理影响资本效率的管理者代理问题。因此，成立运营公司可能更有助于发挥国有资本授权经营对资本结构调整的效能。为检验公司类别的调节作用，本章首先根据公司类别（Type），将处理组样本划分为运营公司组和投资公司组，然后在各组样本中加入处理组样本后，进行分组回归[①]。

表6-12展示了对公司类别的调节作用的检验结果。国有资本授权经营与目标资本结构调整偏差的交互项（DID×Dev）的系数仅在（1）列中显著为正，该列为运营公司组的结果，表明运营类公司控制的企业更有动机解决政府干预问题或内部人控制问题，以提高经营效率。

表6-12　国有资本授权经营、公司类别与资本结构调整速度

DepVar =	（1）	（2）
	运营公司组	投资公司组
	Y	Y
Dev	0.329*** （0.000）	0.320*** （0.000）
DID×Dev	0.072*** （0.002）	0.033 （0.644）
Year	Yes	Yes
Firm	Yes	Yes
Constant	0.008*** （0.001）	0.009*** （0.001）
Observations	9966	9065
Adj_R^2	0.158	0.151

6.5.3　企业成长性的调节作用

企业发展的潜力体现在其成长性上，这是指企业在长期运营中所展现出的扩张与进步能力。那些具有快速成长潜力的企业往往具备较高的管理标准

[①] 为了保持异质性分析检验方法的统一性，此处没有采用添加交乘项的检验方法。

和良好的发展前景，并且管理层代理问题较少（李倩、焦豪，2021；李云鹤等，2011）。研究还发现，高成长性企业的资本调整速度也更快（龚朴、张兆芹，2014）。因此，对于高成长性企业，国有资本授权经营的影响空间可能较小，而低成长性企业可能更需要通过制度改革来完善其内外部治理。为了检验企业成长性的调节作用，本章以企业成长性（Growth）的中位数作为分界点，将全样本划分为低成长性组和高成长性组，进行分组回归。

表6-13报告了检验企业成长性的调节作用的回归结果。国有资本授权经营与资本结构的目标调整偏差的交乘项（DID×Dev）的系数仅在（1）列中显著为正，表明企业成长性低的企业，更需要借助国有资本授权经营来促进资本结构调整。

表6-13　国有资本授权经营、企业成长性与资本结构调整速度

DepVar =	（1）	（2）
	低成长性组	高成长性组
	Y	Y
Dev	0.265***	0.396***
	（0.000）	（0.000）
DID×Dev	0.057**	0.059
	（0.040）	（0.125）
Year	Yes	Yes
Firm	Yes	Yes
Constant	0.007	0.007**
	（0.168）	（0.023）
Observations	5157	5144
Adj_R^2	0.121	0.204

6.5.4　生命周期的调节作用

依据企业发展的生命周期理论，企业的发展轨迹是不断演变的，一般会经历三个主要的阶段：成长阶段、成熟阶段和衰退阶段（王凤荣、高飞，2012；黄宏斌 等，2016；胡明霞、干胜道，2018）。处于成长阶段的企业的

管理者与股东的利益矛盾较少，而在成熟阶段和衰退阶段的企业，其投资规模较大、组织结构更加复杂以及自由现金流增多等问题可能导致代理问题凸显（李云鹤 等，2011）。同时，成熟阶段的企业规模较大，盈利水平更高，对就业人数和地区经济指标的影响也更强，从而对地方官员的吸引力更强。基于社会稳定的考虑，政府也更倾向于为处于衰退阶段的企业提供一定的政策支持，以避免失业问题和社会不稳定问题的发生。因此，处于成熟阶段和衰退阶段的企业在代理问题和政府干预方面可能面临更严重的问题，国有资本授权经营的治理效果可能更为显著。对此，参考梁上坤等（2019）的方法，采用成长能力（Growth）、留存收益率（RER）、资本支出率（CapER）以及公司年龄（Age）进行生命周期阶段的综合评分，将样本分为成长期组、成熟期组以及衰退期组，进行分组检验。

表6-14报告了检验生命周期的调节作用的结果。国有资本授权经营与资本结构的目标调整偏差的交乘项（DID×Dev）的系数，仅在（2）和（3）列中显著为正，这两列分别为成熟期组和衰退期组，表明相比成长期企业，成熟期和衰退期企业的问题会更严重，所以国有资本授权经营的治理作用会更显著。

表6-14　国有资本授权经营、生命周期与资本结构调整速度

DepVar =	（1）	（2）	（3）
	成长期组	成熟期组	衰退期组
	Y	Y	Y
Dev	0.487***	0.390***	0.269***
	（0.000）	（0.000）	（0.000）
DID × Dev	0.052	0.101**	0.082***
	（0.542）	（0.021）	（0.003）
Year	Yes	Yes	Yes
Firm	Yes	Yes	Yes
Constant	0.026***	0.008	0.004
	（0.001）	（0.116）	（0.213）
Observations	1681	3218	5220
Adj_R^2	0.248	0.216	0.133

6.6 作用机制检验

前文的理论分析从政府干预和内部人控制两个视角展开：一方面，国有资本授权经营通过减少政府干预，分离出资者与监督者角色，降低国有企业的政策性负担，以此增强国企调整资本结构的意愿和能力。同时，政府干预的降低会减少国有企业的融资优势，促进预算约束硬化，有助于进一步激励管理层审慎关注企业的资本结构是否合理并及时做出调整决策。另一方面，国有资本授权经营将完善公司治理机制作为重要举措，这有助于限制管理层的代理行为。同时，合理的资本结构有助于降低管理层的业绩评价风险，促使管理层在政治晋升中脱颖而出。所以，国有资本授权经营有助于增强管理层及时调整资本结构的动机和能力。然而，上述两类机制哪个会成立？本章对此进行了相应的分析和检验。

为了检验国有资本授权经营影响国有企业资本结构调整的作用机制，借鉴温忠麟和叶宝娟（2014），构建以下联立方程：

$$Y_{it} = Lev_{it} - Lev_{it-1} = (\delta_0 + \delta_1 DID)Dev_{it} + \sum Firm + \sum Year + \varepsilon_{it} \qquad (6.3)$$

$$M = \gamma_0 + \gamma_1 DID + \gamma_2 Control_{it} + \sum Firm + \sum Year + \varepsilon_{it} \qquad (6.9)$$

$$Y_{it} = (\eta_0 + \eta_1 DID + \eta_2 M_{it})Dev_{it} + \sum Firm + \sum Year + \varepsilon_{it} \qquad (6.10)$$

在上述三个模型中，DID为国有资本授权经营制度实施哑变量。M为中介变量，采用政策性负担（Burden）作为政府干预程度的度量指标，其计算方法在前文第5章中有详细的说明，此处不再赘述。采用总资产周转率（TATR）作为企业内部人控制程度的指标，等于营业收入与资产总额年度均值的比值，该指标值越大，代表企业的代理问题越弱。Control为控制变量，包括公司规模（Size）、盈利能力（Roa）、成长能力（Growth）、公司年龄（Age）、股权集中度（Shrcr1）、两职合一（Ceo）、董事会规模（Board）、独立董事比例（Idd）。中介效应的检验步骤在前文第五章中有详细的说明，此处不再赘述。

（1）政府干预视角的机制检验

表6-15报告了政府干预视角的机制检验结果。在第一步中，国有资本授权经营与目标资本结构调整偏差的交互项（DID×Dev）的系数显著为正，进入第二步的检验程序。在第二步中，DID的系数仅在社会性负担组中显著为负，而在全样本和战略性负担组中不显著。在第三步中，DID的系数在全样本和社会性负担组中显著为正。这些结果显示，国有资本授权经营通过减轻政策性负担，加速了资本结构的调整。然而，这种效应仅在承担社会责任的样本中表现明显。社会性负担往往是政府基于社会管理职能而强加给企业的。例如，一家汽车制造商可能会因为政府的就业保障要求而保留某个效率低下的工厂，即使这并不符合其利润最大化的战略方向。战略性负担是指企业为承接国家战略需求，在不具有比较优势的情况下进行生产经营的表现，对于国家发展和安全具有重要意义，所以政府通过降低政府干预减少此类负担的效果可能较弱一些，故而导致此类路径的支持性较差。

表6-15　国有资本授权经营与资本结构调整速度–影响机制检验1

DepVar =	（1）第一步 Y	（2）第二步 全样本 Burden	（3）第三步 全样本 Y	（4）第二步 战略性负担组 Burden	（5）第三步 战略性负担组 Y	（6）第二步 社会性负担组 Burden	（7）第三步 社会性负担组 Y
Dev	0.327*** （0.000）		0.325*** （0.000）		0.375*** （0.000）		0.358*** （0.000）
DID×Dev	0.068*** （0.001）		0.068*** （0.001）		−0.006 （0.908）		0.071*** （0.003）
Burden×Dev			0.003 （0.532）		0.007 （0.284）		−0.051*** （0.003）
DID		−0.039 （0.340）		−0.045 （0.767）		−0.025* （0.085）	
Size		0.185*** （0.000）		0.211*** （0.003）		0.128*** （0.000）	

续　表

DepVar =	（1）第一步	（2）第二步全样本	（3）第三步全样本	（4）第二步战略性负担组	（5）第三步战略性负担组	（6）第二步社会性负担组	（7）第三步社会性负担组
	Y	Burden	Y	Burden	Y	Burden	Y
ROA		0.135（0.484）		0.985（0.171）		−0.231***（0.002）	
Growth		−0.001（0.954）		0.076（0.295）		−0.037***（0.000）	
Age		0.098**（0.044）		−0.086（0.555）		0.153***（0.000）	
Shrcr1		0.055（0.657）		0.200（0.680）		−0.038（0.421）	
Ceo		−0.009（0.768）		−0.010（0.926）		0.001（0.952）	
Board		−0.128*（0.091）		0.052（0.850）		−0.007（0.816）	
Idd		−0.411*（0.054）		−0.987（0.242）		−0.055（0.486）	
Year	Yes	Yes	Yes	Yes	Yes	Yes	Yes
Firm	Yes	Yes	Yes	Yes	Yes	Yes	Yes
Constant	0.008***（0.002）	−2.794***（0.000）	0.008***（0.002）	−2.500（0.138）	0.029***（0.000）	−2.196***（0.000）	0.003（0.251）
Observations	10301	10298	10299	2938	2939	7360	7360
Adj_R^2	0.158	0.043	0.159	0.044	0.183	0.250	0.156

（2）内部人控制视角的机制检验

表6-16报告了内部人控制视角的机制检验。在第一步中，国有资本授权经营与目标资本结构调整偏差的交互项（DID×Dev）的系数显著为正，进入第二步的检验环节。在第二步中，DID的系数为正，且在5%的水平下显著。在第三步中，总资产周转率与资本结构的目标调整偏差的交乘项（TATR×Dev）的系数显著为正。这些结果表明，对内部人控制问题发挥治

理作用，是国有资本授权经营提升国有企业资本结构调整速度的重要路径。内部控制理论认为，国有企业在缺乏有效出资人监督、代理层级过多和监管不力的情况下，管理者追求私利行为突出，阻碍了资本结构的优化。通过优化治理架构和强化监督体系，国有资本授权经营有效弥补了上述治理上的不足，增强了管理者调整资本结构的积极性，进而加速了调整进程。

表6-16　国有资本授权经营与资本结构调整速度－影响机制检验2

DepVar =	（1）	（2）	（3）
	第一步	第二步	第三步
	Y	TATR	Y
Dev	0.327*** （0.000）		0.295*** （0.000）
DID × Dev	0.068*** （0.001）		0.066*** （0.002）
TATR × Dev			0.052*** （0.001）
DID		0.022** （0.037）	
Size		−0.060*** （0.000）	
ROA		1.080*** （0.000）	
Growth		0.210*** （0.000）	
Age		0.087*** （0.000）	
Shrcr1		0.079** （0.012）	
Ceo		0.001 （0.868）	
Board		0.098*** （0.000）	
Idd		0.269*** （0.000）	

DepVar =	（1）	（2）	（3）
	第一步	第二步	第三步
	Y	TATR	Y
Year	Yes	Yes	Yes
Firm	Yes	Yes	Yes
Constant	0.008*** （0.002）	1.442*** （0.000）	0.008*** （0.001）
Observations	10301	10300	10301
Adj_R^2	0.158	0.284	0.159

6.7　本章小结

本章研究发现，国有资本授权经营对提升资本结构调整速度具有显著的促进作用。采用平行趋势检验、安慰剂检验、倾向得分匹配检验、控制其他特征的影响等稳健性测试后，研究结论保持稳健。

进一步研究发现，对于国有资本授权经营的作用，相比非国有股东持股比例较高的企业，在非国有股东持股比例较低的企业中更显著；相比受国有资本投资公司控制的企业，这一作用在国有资本运营公司控股企业中更显著；相比高成长性企业，这一作用在低成长性企业中更显著；相比成长期企业，这一作用在成熟期和衰退期企业中更显著。最后，本章还对国有资本授权经营之于资本结构调整速度的影响机制进行检验，发现降低社会性负担、治理管理者代理问题是两条重要路径。

7　国有资本授权经营与国有企业融资效率

7.1 引言

提升融资效率对企业的生存和成长极为关键。随着市场化改革的深入推进，当前国有企业的经营运作模式更加符合市场化的要求。然而，由于国有资产经营和国有企业治理模式的固有局限，国有企业受到的行政干预问题依然存在，所以提高国有企业融资效率的任务仍然重要和迫切。例如，债务融资比例过高、资金来源单一、投资规模大却效率低等问题限制了国有企业融资效率的提升（程仲鸣 等，2008；韩鹏飞、胡奕明，2015；李文兴、汤一用，2021）。随着国资国企改革进入深水区，国有企业发展正面临着更加巨大的挑战。

对于融资效率这一概念，目前的学术研究主要从资金成本的角度分析了公司筹集资金的能力（Anderson et al.，2004；孙会霞 等，2013；黄振、郭晔，2021）。与私营企业相比，国有企业通常能够更容易地获得成本较低、数额较大的资金（Khwaja and Mian，2005；范小云 等，2017），但其资金运用效率却不尽人意（程仲鸣 等，2008；董红晔、李小荣，2014）。因此，仅依据资金筹集能力来评估国有企业的融资效率是不全面的，同时也是不够严谨的。部分研究采纳了经济学中的投入产出概念，将融资效率界定为公司筹集资金并用其创造价值的能力（宋文兵，1998；卢福财，2003；吴娅玲，2012），这一做法能够有效克服仅采用资金成本指标分析融资效率的局限性。

高效率的融资能够降低融资成本，提高资金使用率，从而增强企业的竞争力。相反，低效率的融资可能导致资金浪费、错失投资机会、还款压力大等问题，对企业长期发展会造成不利影响。尤其是在经济波动或市场不确定性增加时，提高融资效率就显得更加重要。因此，研究融资效率有助于企业优化资本结构，提升决策质量。

7.2　理论分析与研究假设

根据文献梳理，本章将企业融资效率定义为企业筹集资金并用以实现价值增长的整体能力。那么，在此概念下融资成本和投资回报率是评估企业融资效率时需要重点考察的关键因素。以此为依据，本章从上述两个方面分别论证国有资本授权经营与融资效率的关系，以增强研究假设的严谨性。

对于投资回报率，基于产权论和竞争论，文献梳理发现国有企业投资回报率低的原因在于政府干预诱发的政策性负担和内部人控制造成的委托代理问题（Shleifer and Vishny，1994；Qian，1996；Zhang，1997；Lin et al.，1998；林毅夫、李志赟，2004）。所以减少行政干预（Lin et al.，1998；林毅夫 等，1994，1997）和强化公司治理或者外部监管等手段抑制管理层代理行为（盛丹、刘灿雷，2016），成为提升国有企业投资回报率的重要因素，而前文机制分析表明。这两种方法所涉及的理论体系在国有资本授权经营的政策设计中得到了重点体现：一方面，国有资本授权经营以授权放权为核心举措，通过设立两类公司来履行出资者职能，促进企业管理职能与政府行政监管职能的有效分离，有助于降低政策性负担对国有企业投资回报率的负向作用；另一方面，国资委将企业管理职能剥离给两类公司后能够专司国有资本监管职能，实现国有资产出资者到位，有助于提高国有资本监管的科学性和专业性。而两类公司承担出资人角色，有助于促使国有企业建立科学的法人治理结构。同时，加强市场化经营机制的引入以及完善公司治理机制等配套改革举措的落实，有助于约束管理层的自利行为。此外，由于大量文献将管理层权力作为影响企业投资回报率的一个重要因素，而国有资本授权经营通过授权放权势必会造成管理层权力的增大，所以本章对此引发的经济影响进行必要探讨：根据管理层权力理论，当管理层具有较大的权力时，其存在利用手中控制权获取私人利益的倾向，容易形成损害股东利益的代理行为（Bebchuk and Fried，2002；Steen，2010）。授权放权作为国有资本授权经营的核心举措，通过权力的层层下放会使上市公司的管理层获得更大的自主权。而两类公司如同增设了一个管理层级，委托代理链条的增加和由此带来的信息不对称问题可能增加管理层利用手中控制权进行自利的行为，进而可能对国有企业投资回报率产生负面影响。所以，本章预期，虽然授权放权能够减少政府干预造成的治理效率损失，但是如果权力下放不能够与后续监管和公司治理机制的优化进行有效衔接，也可能会因强化了管理层权力而加剧内部人控制问题。由此增加的代理成本会对国有企业的投资回报率产生负向影响。

对于国有企业融资成本，本章预期国有资本授权经营的作用可能呈现出以下两种潜在情形：一方面，现有研究显示，在信息不对称的市场环境中，风险程度是影响公司资金成本的关键要素。具体到国有企业中，这与管理层代理问题和政府干预问题有较大关联。崔伟（2008）发现，当公司管理层的代理问题较为突出时，投资者往往要求更高的风险溢价作为补偿，这将导致企业的融资成本增加。肖浩和夏新平（2010）认为，政府干预更多的是"掠夺之手"在发挥作用，这就造成企业经营风险变高并最终导致国有企业的融资成本上升。根据前文分析，如果国有资本授权经营能够降低政府干预程度，或者通过加强监管和完善公司治理等机制来抑制国有企业管理层的代理问题，那么由两类问题引发的国有企业经营风险也会得到有效抑制。这会降低投资者的风险补偿需求，促进国有企业融资成本降低。另外，从信号传递的角度来看，作为新时代国有资产管理的重要内容，当一家国有企业被纳入国有资本授权经营改革试点范围时，其会受到更多的来自分析师、国资委等政府监管部门以及新闻媒体的关注。同时这可能会向外部投资者发出公司治理水平提高或政府监管力度增强的信号，有助于降低投资者对公司风险的评估水平，促进国有企业融资成本的降低。另一方面，在管理层权力理论下，当管理者权力增大时，容易发生权力寻租问题，例如管理者以权谋私、虚增业绩、削减成本（Lazear and Rosen，1981；林芳、冯丽丽，2012）。所以当国有资本授权经营通过授权放权增大了管理层权力时，可能引发上述权力寻租问题，导致国有企业的业绩不确定性和经营风险变高，进而造成融资成本变高。另外，从信号传递的角度来看，由于承担政策性负担，国有企业在进行融资时享受着政府的隐性担保和政策倾斜。这会降低投资者对企业的风险评估水平，使国有企业享受了较低的融资成本。而当国有资本授权经营使国有企业的政府干预降低后，可能会向外界传递预算约束硬化的信息，使得投资者预计公司的财务风险水平可能上升，因此他们可能会要求更高的风险溢价作为补偿。所以，国有资本授权经营的影响可能有正反两个情况，既可能因降低政策性负担和约束管理层代理行为而降低融资成本，也可能因增大管理层权力而导致企业经营风险上升，或者因向外界资本市场传递预算约束硬化的信息而导致投资者预期企业财务风险变高，最终导致融资成本上升。

综上所述，无论是从融资成本角度分析，还是从投资回报率的角度分析，国有资本授权经营对国有企业融资效率的影响都存在不确定性。现实数据到底支持何种假设，有待后文实证部分的进一步检验。

假设7.1a：国有资本授权经营对提升国有企业融资效率有显著的促进作用。

假设7.1b：国有资本授权经营对降低国有企业融资效率有显著的促进作用。

7.3 研究设计

7.3.1 样本选取与数据来源

本章选取2010—2019年间的国有控股上市公司作为考察对象，剔除了数据不全、金融行业以及带有ST、SST、*ST标识的样本后，最终保留了1390个处理组样本，5309个控制组样本，总计6699个样本。之所以选择以2010年为起始年，原因在于双重差分检验需要比较试点前后企业融资效率指标的变动情况，而2013年为改革概念正式被提出的年份，以此为基准往前推3年（为避免时间跨度过长带来过多的噪声影响）时间为2010年。数据来自国泰安数据库和万德（Wind）数据库。

7.3.2 变量定义与模型设定

为检验国有资本授权经营与国有企业融资效率的关系，构建如下模型（7.1）：

$$FE_{it} = \alpha_0 + \beta_1 DID_{it} + \theta X_{it} + \lambda_t + \mu_i + \varepsilon_{it} \tag{7.1}$$

在模型（7.1）中，FE为企业融资效率指标，α_0为模型的截距项，X代表控制变量，借鉴吴娅玲（2012）、祁怀锦等（2019）的做法，选择的控制变量和定义见表7–1。λ_t为控制年份固定效应，μ_i为控制个体固定效应。DID_{it}为国有资本授权经营制度实施哑变量，具体为个体分组哑变量$treat_i$和时间前后哑变量$period_t$的交乘项。为了防止变量间的多重共线性，在模型（7.1）中未设个体分组变量$treat_i$和时间前后哑变量$period_t$、$treat_i$和$period_t$的具体定义与前文5.3.2一致，此处不再赘述。

对于企业融资效率（FE），借鉴卢福财（2003）、吴娅玲（2012）、曹亚勇等（2013）的做法，采用"投资回报率与加权平均资本成本之比"来度量，其中投资回报率采用总资产收益率（ROA）来代替，加权平均资本成本（Wacc）等于债务资本成本×（债务资本/总资产）×（1–所得税）+权益

资本成本 × (权益资本 / 总资本)。

对于债务资本成本（Cost_Debt），借鉴王艺霖和王爱群（2014）的研究方法，具体计算公式为（利息支出与手续费、其他财务费用的总和）/负债总额。

国内学者毛新述等（2012）、许志等（2017）研究发现，事后模型的假设条件较多且误差较大，相比之下事前模型更适合我国的市场环境，其中PEG模型能够更好地捕捉到各类风险因素的影响效果，国内学者（何玉 等，2014；李慧云、刘镝，2016；王爱国 等，2019；张修平 等，2020）也多采用此模型。所以，采用PEG模型来测度权益资本成本（Cost_PEG），具体公式如下：

$$Cost\_PEG = \sqrt{\frac{|EPS_2 - EPS_1|}{P_0}} \tag{7.2}$$

在模型（7.2）中，EPS_1、EPS_2 分表代表分析师预测的 t_1 期和 t_2 期的每股收益，P_0 代表 t_0 期的股票收盘价。变量的具体定义如表7-1所示：

表7-1 模型（7.1）的主要变量定义表

变量类型	变量符号	变量名称	计算方法
因变量	FE	企业融资效率	投资回报率与资本成本之比
自变量	DID	国有资本授权经营制度实施哑变量	当样本属于处理组且已进行国有资本授权经营时 DID 赋值为 1，其他样本赋值为 0
控制变量（X）	Size	公司规模	年末总资产的自然对数
	Lev	负债水平	期末资产负债率
	Growth	成长能力	营业收入增长率
	Ato	总资产周转率	营业收入与年末总资产的比值
	Tang	有形资产水平	年末固定资产与年末总资产的比值
	Age	上市年龄	期末上市年数加 1 的自然对数
	Shrcr1	股权集中度	第一大股东持股比例
	Ceo	两职合一	当董事长兼任总经理时赋值为 1，否则取 0
	Board	董事会规模	期末董事会总人数的自然对数
	Idd	独立董事比例	期末独立董事人数与董事会总人数的比值

7.4 实证结果与分析

7.4.1 描述性统计

表7-2为描述性统计结果。企业融资效率（FE）的均值为1.432，中位数为0.308，说明过半样本的融资效率超过均值水平，但是均值与最大值27.210有较大差距，说明国有企业的融资效率尚有较大的提升空间。此外，公司规模（Size）的平均值为21.660、标准差为1.318，表明总体上样本的公司规模及其差别都比较大；负债水平（Lev）的均值为0.506，中位数为0.517，说明负债水平整体较高，这与前文第5章所提及的国有企业负债水平相对较高的特征相符；成长能力（Growth）的平均值为0.456，远大于其中位数0.128，说明样本公司成长能力分布差别较大；总资产周转率（Ato）的均值为0.676，中位数为0.560，标准差为0.487，说明样本企业的总资产周转率的大小分布较为均匀，资产周转速度较快；有形资产水平（Tang）均值为0.265，中位数为0.224，最小值为0.002，与以往国有企业文献研究结果较为一致；上市年龄（Age）的平均值和中位数分别为2.469和2.708；股权集中度（Shrcr1）的均值为0.396，与中国上市公司股权集中的特征相符。

表7-2 模型（7.1）主要变量描述性统计

变量	均值	标准差	最小值	中位数	最大值	样本量
FE	1.432	4.333	−9.525	0.308	27.210	6699
DID	0.049	0.216	0.000	0.000	1.000	6699
Size	21.660	1.318	18.95	21.470	25.920	6699
Lev	0.506	0.199	0.071	0.517	0.945	6699
Growth	0.456	1.371	−0.685	0.128	11.410	6699
Ato	0.676	0.487	0.069	0.560	2.667	6699
Tang	0.265	0.197	0.002	0.224	0.773	6699
Age	2.469	0.685	0.000	2.708	3.296	6699
Shrcr1	0.396	0.158	0.086	0.393	0.769	6699

变量	均值	标准差	最小值	中位数	最大值	样本量
Ceo	0.102	0.303	0.000	0.000	1.000	6699
Board	2.217	0.197	1.609	2.197	2.708	6699
Idd	0.370	0.054	0.308	0.333	0.571	6699

7.4.2　相关性分析

表7-3列示了模型（7.1）主要变量的Pearson相关系数，国有资本授权经营制度实施哑变量（DID）与企业融资效率（FE）的系数显著为正，在1%的水平上显著，初步支持了假设7.1a，否定了假设7.1b。从相关系数的绝对值来看，所有变量都小于0.3，证明不存在显著的多重共线性问题。

7.4.3　回归结果分析

模型（7.1）的结果见表7-4。从回归结果来看，DID的系数在1%的水平上显著为正，证明国有资本授权经营能够显著提升国有企业的融资效率，验证了前文的假设7.1a，否定了假设7.1b，这一结论与前文的相关性分析和均值差异分析的结论相一致。融资成本和投资回报率是决定企业融资效率高低的两个关键要素。所以上述回归结果一方面可能源于国有资本授权经营系列改革举措能够抑制政府干预和管理层自利行为对国有企业投资回报率的负向影响；另一方面，也可能是由于国有企业的治理效率提高，进而促进了国有企业融资成本的降低。那么融资效率的提升到底应该归功于投资回报率的提升，资本成本的降低，还是两者因素兼有？有待后文进一步分析。

表7-3　模型（7.1）主要变量相关性检验

变量	FE	DID	Size	Lev	Growth	Ato	Tang	Age	Shrcr1	Ceo	Board	Idd
FE	1											
DID	0.207***	1										
Size	0.018	-0.020	1									
Lev	-0.056***	0.032***	-0.050***	1								
Growth	0.025**	-0.010	0.003	0.103***	1							
Ato	0.073***	-0.008	0.043***	0.095***	-0.145***	1						
Tang	-0.106***	0.041***	-0.030**	0.028**	-0.221***	-0.079***	1					
Age	-0.029*	0.085***	0.080***	0.227***	0.035***	0.077***	0.054***	1				
Shrcr1	0.087***	0.041***	-0.053***	0.052***	-0.013	0.043***	0.078***	-0.096***	1			
Ceo	-0.013	-0.005	0.007	-0.015	-0.008	0.008	-0.068***	-0.021	-0.085***	1		
Board	0.025**	-0.015	-0.040***	0.044***	-0.057***	-0.029**	0.174***	-0.058***	0.009	-0.079***	1	
Idd	-0.041***	0.006	0.029**	0.099***	0.010	-0.024**	-0.070**	0.028**	0.097***	0.055***	-0.372***	1

注：表中为 Pearson 检验系数，***、**、* 分别表示在 1%、5% 和 10% 的水平下显著。

表7-4 国有资本授权经营与国有企业融资效率

DepVar =	FE
DID	0.803***
	（0.001）
Size	−0.040
	（0.737）
Lev	−1.995***
	（0.000）
Growth	0.104***
	（0.006）
Ato	1.131***
	（0.000）
Tang	−2.460***
	（0.000）
Age	−0.255
	（0.319）
Shrcr1	1.721*
	（0.070）
Ceo	−0.314
	（0.106）
Board	0.496
	（0.323）
Idd	0.314
	（0.821）
Year	Yes
Firm	Yes
Constant	2.177
	（0.535）
Observations	6699
Adj_R^2	0.118

注：***、**、*分别表示在1%、5%和10%的水平下显著，括号内为P值。下表同。

7.4.4 稳健性检验

（1）替换融资效率度量指标

针对融资效率（FE），前文选用公式"投资回报率/资本成本"来计算。考虑到计算方法差异可能对研究结果产生影响，为了消除潜在影响，本章采取了以下稳健性检验方法：首先，以资本保值增值率（Equgrrt）作为衡量投资回报率的替代指标，计算新的企业融资效率指标（FE_Equgrrt）。促进国有资产保值增值是国有资本授权经营制度改革相关政策的指导思想和基本原则的重要内容，也是一直以来国资国企改革所致力于实现的终极目标之一。而且，实现国有资本保值增值目标也需要以国有资本配置结构优化和资本配置效率提升为保障。所以采用资本保值增值率指标来重新计算融资效率，能够在一定程度上较好地考察国有资本授权经营制度改革是否能够有效实现政策设计的预期效果。

其次，采用OJ模型来重新计算权益资本成本（Cost_OJ），然后以此计算新的企业融资效率指标（FE_OJ），以避免单一模型计算对研究结论可靠性的影响。OJ模型和PEG模型同属计算权益资本成本的事前模型，也是国内学者比较常用的模型（何玉 等，2014；李慧云、刘镝，2016；甘丽凝等，2019），具体的计算方法如模型（7.3）所示。

$$Cost\_OJ = A + \sqrt{A^2 + \frac{EPS_1}{P_0}\left[\frac{EPS_2 - EPS_1}{EPS_1} - (r-1)\right]} \qquad （7.3）$$

在模型（7.3）中，A等于$\frac{1}{2}\left[(r-1) + \frac{DPS_1}{P_0}\right]$，$DPS_1$为第$t_1$期的息税前每股股利；r等于$g_p+1$，$g_p$为每股收益增长率，借鉴沈洪波（2007）、杨忠海等（2015）的做法，取值为5%；EPS_1和EPS_2分别代表分析师对第t_1期和第t_2期每股盈利的预测，而P_0则表示第t_0期的股票收盘价格的期末值。

替换融资效率度量指标后，对模型（7.1）进行重新回归，稳健性检验结果如表7-5所示。在表7-5的（1）列中，被解释变量为采用资本保值增值率（Equgrrt）计算的企业融资效率（FE_Equgrrt），该列中DID的系数在

1%的水平上显著为正，结论与前文一致；在表7-5的（2）列中，被解释变量为采用权益资本成本（Cost_OJ）计算的融资效率（FE_OJ），该列中DID的系数同样在1%的水平上显著为正。根据稳健性检验结果可知，采用不同的方法计算融资效率指标并不影响本章研究结论的稳健性，即国有资本授权经营能够显著提高国有企业融资效率的结论并不是某一特定指标计算方法所造成的。

表7-5　国有资本授权经营与国有企业融资效率－替换融资效率度量指标

DepVar =	（1）	（2）
	FE_Equgrrt	FE_OJ
DID	17.585*** （0.001）	0.506*** （0.010）
Size	6.300** （0.012）	0.245*** （0.008）
Lev	−5.327 （0.623）	−0.995** （0.011）
Growth	1.571** （0.047）	0.084*** （0.002）
Ato	−3.609 （0.458）	0.585*** （0.001）
Tang	−75.696*** （0.000）	−2.203*** （0.000）
Age	−12.082** （0.023）	−0.415** （0.032）
Shrcr1	13.619 （0.491）	−1.009 （0.150）
Ceo	−5.210 （0.197）	0.055 （0.719）
Board	0.720 （0.945）	−0.324 （0.397）
Idd	69.200** （0.016）	−1.866* （0.072）
Year	Yes	Yes

DepVar =	（1）	（2）
	FE_Equgrrt	FE_OJ
Firm	Yes	Yes
Constant	−122.667* （0.098）	−2.154 （0.422）
Observations	6689	4222
Adj_R²	0.588	0.651

（2）安慰剂检验

首先，参考Topalova（2010）、盛丹和刘灿雷（2016）的做法，采用改革前的观测样本进行安慰剂检验。假设国有资本授权经营制度改革试点时间为实际启动时间的前2年。其次，借鉴史贝贝等（2019）的做法，在处理组和控制组内各随机选定一半样本，将其假想为受到国有资本授权经营改革的影响，采用随机设定的Random1、Random2替代DID指标来估计假想效果。在进行上述操作后，对前文模型（7.1）进行重新回归。表7-6报告了安慰剂检验结果，从表中结果来看，DID的系数在1%的水平上显著为负，Random1、Random2的系数不显著，证明国有企业融资效率的提升与国有资本授权经营制度改革这一外生冲击有关。

表7-6　国有资本授权经营与国有企业融资效率 – 安慰剂检验

DepVar =	（1）	（2）	（3）
	FE	FE	FE
DID	−1.465*** （0.001）		
Random1		−0.135 （0.676）	
Random2			0.084 （0.175）
Size	−0.056 （0.828）	−0.140 （0.649）	−0.030 （0.775）

DepVar =	（1）	（2）	（3）
	FE	FE	FE
Lev	−1.473***	−6.292***	−0.373
	（0.004）	（0.001）	（0.334）
Growth	0.066**	0.416***	0.014
	（0.021）	（0.005）	（0.612）
Ato	0.992***	3.616***	0.324*
	（0.000）	（0.000）	（0.075）
Tang	−2.279***	−8.172***	−0.268
	（0.000）	（0.000）	（0.546）
Age	−0.253	−0.329	−0.238
	（0.437）	（0.751）	（0.202）
Shrcr1	2.439***	−1.768	2.664***
	（0.002）	（0.616）	（0.000）
Ceo	−0.181	−1.021	−0.044
	（0.426）	（0.121）	（0.768）
Board	0.166	3.394*	−0.007
	（0.746）	（0.077）	（0.986）
Idd	−1.732	9.798*	−1.242
	（0.261）	（0.057）	（0.232）
Year	Yes	Yes	Yes
Firm	Yes	Yes	Yes
Constant	3.618	−3.375	2.236
	（0.572）	（0.730）	（0.439）
Observations	5828	1390	5309
Adj_R^2	0.466	0.490	0.0428

（3）倾向得分匹配法

本章借鉴曹清峰（2020）的做法，采用逐年匹配的方法来控制处理组与对照组在某些特征变量上的同质性，同时缓解样本选择性偏误问题，从而更加准确地检验国有资本授权经营与国有企业融资效率之间的因果效应。按照1∶3最近邻匹配有放回抽样的方法，对处理组进行逐年匹配，匹配协变量包括Size、Lev、Age、Shrcr1、Ceo、Board和Idd，变量定义与前文一致。倾向得分匹配的可靠性取决于"独立性条件"是否被满足，所以本章进行了匹配平衡性检验。从表7-7可以看出，分年匹配后，匹配协变量均不显著，即匹配效果良好。

表7-7　国有资本授权经营与国有企业融资效率－匹配后均值差异

年份	Size	Lev	Age	Shrcr1	Ceo	Board	Idd
2010	0.816	0.926	0.911	0.784	0.792	0.926	0.719
2011	0.927	0.346	0.812	0.677	0.735	0.933	0.842
2012	0.827	0.635	0.824	0.928	0.643	0.836	0.223
2013	0.489	0.830	0.413	0.928	0.656	0.925	0.566
2014	0.774	0.823	0.633	0.836	0.429	0.696	0.925
2015	0.988	0.881	0.923	0.929	0.281	0.796	0.806
2016	0.929	0.974	0.243	0.866	0.903	0.743	0.610
2017	0.872	0.667	0.286	0.503	0.588	0.423	0.737

采用最近邻匹配方法为处理组样本匹配控制组样本后，检验结果如表7-8所示。DID的系数（0.712*）依然显著为正，证明国有资本授权经营能够显著提升国有企业的融资效率，支持了前文的假设7.1a，否定了假设7.1b，这一结论与表7-8的回归结果分析一致，说明在控制了某些特征变量上的同质性影响后，本章研究结论依然成立。

表7-8　国有资本授权经营与国有企业融资效率－倾向得分匹配法

DepVar =	FE
DID	0.712* （0.077）
Size	−0.016 （0.929）
Lev	−2.870*** （0.001）

DepVar =	FE
Growth	0.161**
	（0.013）
Ato	1.549***
	（0.000）
Tang	−3.740***
	（0.000）
Age	−0.506
	（0.270）
Shrcr1	1.234
	（0.468）
Ceo	−0.415
	（0.216）
Board	0.833
	（0.348）
Idd	0.652
	（0.797）
Year	Yes
Firm	Yes
Constant	3.070
	（0.605）
Observations	3955
Adj_R^2	0.461

（4）删除试点当年样本检验

前文的实证检验均将变量 $period_t$ 在国有资本授权经营制度改革试点的当年赋值为1，本章根据李文贵等（2017）的做法，将试点当年的观测值进行删除，然后重新对模型（7.1）进行回归，结果如表7-9所示，DID的系数在5%的水平上显著为正，表明本章研究结论存在稳健性。

表7-9 国有资本授权经营与国有企业融资效率－删除试点当年样本检验

DepVar =	FE
DID	0.720**
	（0.018）
Size	0.005
	（0.964）
Lev	−1.672***
	（0.001）
Growth	0.095**
	（0.010）
Ato	1.089***
	（0.000）
Tang	−2.095***
	（0.000）
Age	−0.276
	（0.272）
Shrcr1	1.941**
	（0.039）
Ceo	−0.237
	（0.216）
Board	0.476
	（0.335）
Idd	−0.115
	（0.933）
Year	Yes
Firm	Yes
Constant	1.032
	（0.767）
Observations	6464
Adj_R^2	0.466

（5）平行趋势检验

双重差分检验要求在发生外生政策冲击之前，受影响样本和未受影响样本的时间趋势应该不存在显著差异。由于处理组样本存在多个不同的试点期，本章将模型（7.1）扩展为下述模型（7.4）：

$$FE_{it} = \alpha_0 + \beta_1 treat_{it} \times before^{4+}_{it} + \beta_2 treat_{it} \times before^3_{it} + \beta_3 treat_{it} \times before^2_{it} +$$

$$\beta_4 treat_{it} \times before^1_{it} + \gamma_0 treat_{it} \times after^0_{it} + \gamma_1 treat_{it} \times after^1_{it} +$$

$$\gamma_2 treat_{it} \times after^2_{it} + \gamma_3 treat_{it} \times after^{3+}_{it} + \theta X_{it} + \lambda_t + \mu_i + \varepsilon_{it} \qquad （7.4）$$

在模型（7.4）中，交乘项 treat × before^n 和 treat × after^m 用以标识企业是否处于进行改革试点的前 n 年或后 m 年。若企业在观测期间没有进行改革试点，上述交互项将设为 0。在观测期间，对于处理组，当企业处在改革年份前（后）的第 n（m）年时，treat × before^n（after^m）= 1。

表 7-10 展示了模型（7.4）的回归分析结果，当企业距离国有资本授权经营制度实施年份为 –4$^+$、–3、–2、–1 时，回归系数不显著或者负向显著；为 0 和 1 时，回归系数不显著；为 2 和 3 时，回归系数显著为正，表明国有资本授权经营对国有企业融资效率的正向影响是成立的。

表 7-10　国有资本授权经营与国有企业融资效率 – 平行趋势检验

DepVar =	FE
treat × before^{4+}	−0.792** （0.013）
treat × before^3	0.087 （0.819）
treat × before^2	−1.008*** （0.009）
treat × before^1	−0.711* （0.069）
treat × after^0	−0.187 （0.613）
treat × after^1	−0.274 （0.554）
treat × after^2	0.330* （0.059）
treat × after^{3+}	3.246*** （0.000）
Size	−0.056 （0.624）

DepVar =	FE
Lev	−1.844***
	（0.000）
Growth	0.096***
	（0.009）
Ato	1.061***
	（0.000）
Tang	−2.012***
	（0.000）
Age	−0.249
	（0.317）
Shrcr1	1.737*
	（0.060）
Ceo	−0.162
	（0.401）
Board	0.362
	（0.460）
Idd	1.147
	（0.400）
Year	Yes
Firm	Yes
Constant	2.251
	（0.507）
Observations	6485
Adj_R^2	0.475

（6）控制分批试点的影响

虽然国有资本授权经营是政府主动的决策行为，具有一定的外生性，但是非第一批纳入试点的企业由于可以观察到第一批企业因改革发生的变化，导致其参与改革的行为可能是非随机的。为了控制上述问题可能造成的影响，本章采用了以下两种方法：第一种方法，由于第一批开展国有资本授权经营改革试点的时间在2014年，将2015年及以后年份纳入试点的处理组样本进行删除，仅保留第一批纳入改革试点的处理组样本，利用剩余数据对模型（7.1）进行回归。第二种方法，在模型（7.1）中增添控制变量First，当样本企业属于第一批纳入改革试点的企业时，First赋值为1，否则为0。表7-11的（1）列报告了采用第一种方法的回归结果，（2）列报告了第二种方法的回归结果，DID的系数依然显著为正，说明控制了分批试点的影响后，国有资本授权经营对国有企业融资效率的影响依然显著，本章研究结论具有稳健性。

表7-11　国有资本授权经营与国有企业融资效率－控制分批试点的影响

DepVar =	（1）	（2）
	FE（方法一）	FE（方法二）
DID	1.519***	0.800***
	（0.000）	（0.001）
First		−1.271
		（0.707）
Size	0.062	−0.039
	（0.551）	（0.740）
Lev	−0.779*	−1.996***
	（0.067）	（0.000）
Growth	0.015	0.104***
	（0.628）	（0.006）
Ato	0.475**	1.131***
	（0.018）	（0.000）
Tang	−0.396	−2.460***
	（0.417）	（0.000）
Age	−0.361*	−0.255
	（0.081）	（0.319）
Shrcr1	1.837**	1.723*
	（0.019）	（0.070）
Ceo	−0.000	−0.314
	（0.998）	（0.106）
Board	0.122	0.495
	（0.765）	（0.324）

DepVar =	（1）	（2）
	FE（方法一）	FE（方法二）
Idd	−0.576 （0.609）	0.316 （0.820）
Year	Yes	Yes
Firm	Yes	Yes
Constant	0.325 （0.913）	2.166 （0.537）
Observations	5488	6699
Adj_R^2	0.127	0.470

7.5　进一步分析

7.5.1　行政级别的调节作用

为检验行政级别的调节作用，在模型（7.1）中加入行政级别（Level，中央企业赋值为1，地方国有企业赋值为0）变量，构建如下模型（7.5）：

$$FE_{it} = \alpha_0 + \beta_1 DID_{it} + \beta_2 DID_{it} \times Level_{it} + \beta_3 Level_{it} + \theta X_{it} + \lambda_t + \mu_i + \varepsilon_{it} \qquad （7.5）$$

表7-12报告了模型（7.5）的回归结果，Level×DID是行政级别与国有资本授权经营制度实施哑变量的交乘项，其系数与模型（7.1）中DID系数的符号方向一致，并且在1%的水平下显著，证明相比地方国有企业，国有资本授权经营对中央企业融资效率的正向作用更显著。前文分析认为，国有企业融资效率损失的原因在于政府干预诱发的政策性负担和内部人控制造成的委托代理问题，而中央企业和地方国有企业在这些问题上存在差异：一方面，政治晋升压力、业绩考核压力以及分税制改革带来的财政收支压力等，促使地方国有企业有更强的动力去干预国有企业的融资行为和资金的使用方向。这导致地方政府更有可能对削弱其干预能力的国有资本授权经营制度

改革产生抵触心理，进而不利于充分发挥国有资本授权经营的作用；另一方面，中央企业是改革试点的带头羊，政府的授权放权力度和企业本身落实改革政策的能力较强，有助于更好地发挥国有资本授权经营对国有企业投资回报率的提升作用。而且，中央企业的治理结构相对更加成熟，能够更有效地防止管理层权力扩张可能导致的代理问题。外部投资者对中央企业改革影响的正向预期也会更高，能够更有效地实现国有资本授权经营对于降低国有企业融资成本的作用，进而促进国有资本授权经营能够更显著地提升国有企业的融资效率。

表7-12　国有资本授权经营、行政级别与国有企业融资效率

DepVar =	FE
Level × DID	1.212***
	（0.010）
Level	−0.588
	（0.235）
DID	0.286
	（0.375）
Size	−0.045
	（0.706）
Lev	−2.041***
	（0.000）
Growth	0.109***
	（0.005）
Ato	1.140***
	（0.000）
Tang	−2.553***
	（0.000）
Age	−0.293
	（0.272）
Shrcr1	1.863*
	（0.057）
Ceo	−0.332
	（0.100）

DepVar =	FE
Board	0.528 （0.310）
Idd	0.430 （0.763）
Year	Yes
Firm	Yes
Constant	2.690 （0.455）
Observations	8987
Adj_R^2	0.472

7.5.2　公司类别的调节作用

为检验公司类别的调节作用，在模型（7.1）中加入公司类别（Type，投资公司控股的上市公司赋值为1，运营公司控股的上市公司赋值为0）变量，构建如下模型（7.6）：

$$FE_{it} = \alpha_0 + \beta_1 DID_{it} + \beta_2 DID_{it} \times Type_{it} + \beta_3 Type_{it} + \theta X_{it} + \lambda_t + \mu_i + \varepsilon_{it} \quad （7.6）$$

表7-13报告了模型（7.6）的回归结果，Type×DID是公司类别与国有资本授权经营制度实施哑变量的交乘项，其系数不显著，这一方面可能源于两类公司控股的上市公司样本比较少，该类样本占总样本的比率不足25%；另一方面，虽然两类公司在功能定位方面存在差异，而本章主要是从政府干预和内部人控制两个角度进行了微观影响机制的分析，具体表现的差别可能并不大，所造成的影响也不显著。

表7–13 国有资本授权经营、公司类别与国有企业融资效率

DepVar =	FE
Type × DID	−0.111
	（0.925）
Type	−2.002
	（0.682）
DID	1.710
	（0.142）
Size	−0.221
	（0.479）
Lev	−7.080***
	（0.001）
Growth	0.447***
	（0.004）
Ato	3.466***
	（0.000）
Tang	−8.449***
	（0.000）
Age	−0.007
	（0.995）
Shrcr1	−2.088
	（0.572）
Ceo	−0.671
	（0.336）
Board	3.407*
	（0.091）
Idd	12.460**
	（0.022）
Year	Yes
Firm	Yes
Constant	−2.778
	（0.771）
Observations	1242
Adj_R^2	0.491

7.5.3 管理层权力的调节作用

为检验管理层权力的调节作用，在模型（7.1）中加入公司类别（Power，大于中位数的样本赋值为1，否则赋值为0）变量，构建如下模型（7.7）：

$$FE_{it} = \alpha_0 + \beta_1 DID_{it} + \beta_2 DID_{it} \times Power_{it} + \beta_3 Power_{it} + \theta X_{it} + \lambda_t + \mu_i + \varepsilon_{it} \quad （7.7）$$

表7-14报告了模型（7.7）的回归结果，Power×DID是管理层权力与国有资本授权经营制度实施哑变量的交乘项，其系数在10%的水平上显著为负，与未加入管理层权力变量前DID的系数符号相反，说明管理层权力对国有资本授权经营的作用发挥了负向的调节作用。如果国有企业管理者的权力本身就比较大，那么国有资本授权经营进行授权放权的治理作用空间会相对有限。而且，由于管理者权力越大时越可能基于私人利益进行寻租，国有资本授权经营在增大这类公司的管理层权力时也更容易引发内部人控制问题的加剧。由此会抑制国有资本授权经营对国有企业管理层行为的治理作用，进而导致国有资本授权经营对提升国有企业融资效率的作用更弱一些。

表7-14 国有资本授权经营、管理层权力与国有企业融资效率

DepVar =	FE
Power×DID	−0.604* （0.074）
Power	0.337*** （0.001）
DID	0.865*** （0.002）
Size	0.246*** （0.008）
Lev	−0.948** （0.015）
Growth	0.082*** （0.003）
Ato	0.593*** （0.001）

DepVar =	FE
Tang	−2.145***
	（0.000）
Age	−0.401**
	（0.038）
Shrcr1	−0.998
	（0.154）
Ceo	−0.077
	（0.628）
Board	−0.275
	（0.472）
Idd	−2.017*
	（0.052）
Year	Yes
Firm	Yes
Constant	−2.583
	（0.335）
Observations	6699
Adj_R^2	0.652

7.5.4　融资约束的调节作用

已有文献证明，当市场存在信息不对称时，融资约束会制约企业的生存和成长（Fazzari et al., 1988; Clementi and Hopenhayn, 2006）。受到融资约束较大的企业难以及时获取生存发展所需的资金，致使企业无法自信地进行投资和生产经营，造成企业绩效损失。在本章中，融资成本和投资回报率是决定企业融资效率高低的两个关键要素，而这两个指标的高低与企业面临的融资约束水平息息相关。为检验融资约束水平的调节作用，本章在模型（7.1）中加入融资约束程度（FC）变量，构建如下模型（7.8）：

$$FE_{it} = \alpha_0 + \beta_1 DID_{it} + \beta_2 DID_{it} \times FC_{it} + \beta_3 FC_{it} + \theta X_{it} + \lambda_t + \mu_i + \varepsilon_{it} \qquad （7.8）$$

在模型（7.1）中，先采用公司 −0.737 × Size+0.043 × Size^2−0.04 × Age 计

算出SA指数的绝对值，当样本企业的SA绝对值小于全样本SA绝对值的中位数时，代表企业受融资约束程度较高，此时FC赋值为1，否则为0。Size代表期末资产总额（单位为百万）的自然对数，Age等于上市年度的自然对数。

表7-15的（1）列报告了模型（7.8）的回归结果，FC×DID的系数显著为负，与本列DID的系数符号相反，代表融资约束水平会抑制国有资本授权经营对融资效率的提升作用。进一步将模型（7.8）的被解释变量替换为投资回报率（ROA）后，回归结果见表7-15的（2）列，FC×DID的系数显著为负，与本列DID的系数符号相反，代表融资约束水平会抑制国有资本授权经营对投资回报率的提升作用；将模型（7.8）的被解释变量替换为债务资本成本（Cost_Debt）后，回归结果见表7-15的（3）列，FC×DID的系数显著为正，与本列DID的系数符号相反，代表融资约束水平会抑制国有资本授权经营对降低债务融资成本的作用。由于实证发现国有资本授权经营尚未发挥降低权益资本成本的作用，此处不分析融资约束对其产生的调节作用。

本章认为，当企业受到的融资约束水平较大时，国有资本授权经营提升企业融资效率的作用会受到抑制。一方面，因为融资约束使企业难以及时获取生存发展所需的资金，虽然国有资本授权经营能够促进企业投资回报率的提升，但是资金限制会导致企业无法及时捕获回报率较高的投资机会，进而造成投资回报率的改善效果有限；另一方面，在假设分析时提出风险的大小是决定企业融资成本的核心因素，国有资本授权经营既可能通过发挥积极的治理作用来降低投资者对企业财务风险的预期，也可能因增大管理层权力或者向外界资本市场传递预算约束硬化的信息而增大投资者对企业财务风险的预期。而受融资约束较大的企业本身偿债能力较弱，财务风险较高，此时投资者对损失的反应要大于对收益的反应。即投资者会更加关注国有资本授权经营可能带来的财务风险，进而导致国有资本授权经营对降低企业融资成本的作用受到抑制。

表7-15 国有资本授权经营、融资约束与国有企业融资效率

DepVar =	（1）	（2）	（2）
	FE	ROA	Cost_Debt
FC×DID	−0.774*	−0.036***	0.018***
	（0.084）	（0.002）	（0.000）
FC	0.311**	0.005	−0.001
	（0.041）	（0.185）	（0.494）
DID	0.349	0.038***	−0.017***
	（0.320）	（0.000）	（0.000）
Size	−0.035	−0.001	0.002**
	（0.766）	（0.746）	（0.026）
Lev	−2.092***	−0.163***	0.027***
	（0.000）	（0.000）	（0.000）
Growth	0.105***	0.004***	−0.000
	（0.005）	（0.000）	（0.182）
Ato	1.149***	0.045***	0.002
	（0.000）	（0.000）	（0.121）
Tang	−2.540***	−0.073***	0.035***
	（0.000）	（0.000）	（0.000）
Age	−0.156	0.008	−0.001
	（0.552）	（0.268）	（0.586）
Shrcr1	1.661*	−0.001	−0.031***
	（0.081）	（0.971）	（0.000）
Ceo	−0.316	0.003	−0.003***
	（0.104）	（0.536）	（0.002）
Board	0.481	0.021	−0.005*
	（0.338）	（0.100）	（0.077）
Idd	0.332	−0.007	0.016**
	（0.811）	（0.852）	（0.047）
Year	Yes	Yes	Yes
Firm	Yes	Yes	Yes
Constant	1.592	0.071	−0.045**
	（0.651）	（0.435）	（0.029）
Observations	6699	6699	6699
Adj_R^2	0.471	0.577	0.809

7.6 作用机制检验

前文的理论分析从政府干预和内部人控制两个视角分析了国有资本授权经营对国有企业融资效率的影响，一方面认为国有资本授权经营能够通过降低政府干预和完善公司治理、强化外部监管等手段抑制管理层代理行为来提升国有企业的融资效率；另一方面授权放权会使国有企业管理层权力变大，这可能引发管理层利用手中控制权进行自利行为，从而加剧内部人控制问题对国有企业融资效率的负向影响。尽管先前的实证分析显示，国有资本授权经营对提升国有企业融资效率有显著正面影响，但是这并不代表国有资本授权经营一定是通过强化公司治理或者外部监管等手段对国有企业融资效率产生了有效的促进作用。因为当减少政府干预产生的正向影响大于管理层权力增大引发的负面影响时，融资效率也会总体上呈现提高的结果。所以，国有资本授权经营的作用是因为政府干预降低？管理层代理行为得到有效抑制？还是两者兼有？本章对此进行相应的机制分析和检验。

为检验国有资本授权经营影响国有企业融资效率的作用机制，借鉴温忠麟和叶宝娟（2014）的研究，构建以下联立方程：

$$FE_{it} = \alpha_0 + \beta_1 DID_{it} + \theta X_{it} + \lambda_t + \mu_i + \varepsilon_{it} \qquad （7.1）$$

$$M_{it} = \alpha_0 + \beta_1 DID_{it} + \theta X_{it} + \lambda_t + \mu_i + \varepsilon_{it} \qquad （7.9）$$

$$FE_{it} = \alpha_0 + \beta_1 DID_{it} + \beta_2 M_{it} + \theta X_{it} + \lambda_t + \mu_i + \varepsilon_{it} \qquad （7.10）$$

在上述三个模型中，FE是企业融资效率指标，DID为国有资本授权经营制度实施哑变量。M为中介因子，分别以政策性负担（Burden）作为政府干预程度的度量指标，以管理层代理成本（Agency）作为内部人控制的代理指标。Burden和Agency的具体计算方法在前文第5章中有详细的说明，此处不再赘述。模型（7.9）和模型（7.10）的控制变量X与模型（7.1）保持一致。中介效应的检验步骤在前文第5章中有详细的说明，此处不再赘述。

表7-16报告了国有资本授权经营影响国有企业融资效率的机制检验结

果，在第一步中，国有资本授权经营制度实施哑变量（DID）与企业融资效率（FE）的回归系数在1%的水平上显著为正，进入第二步检验。在政府干预机制检验结果中，第二步检验结果DID的系数在1%的水平上显著为负。第三步检验结果中，Burden的系数在5%的水平上显著为负，证明存在部分中介效应。在内部人控制机制检验结果中，第二步检验DID的系数在10%的水平上显著为负，但第三步检验结果中Agency的系数在1%的水平上显著为正，证明存在遮掩效应。这些结果表明，对于国有资本授权经营作用的发挥，政府干预降低是主要路径。前文分析认为，在内部人控制方面，国有资本授权经营一方面能够通过完善公司治理、强化外部监管等途径抑制管理层代理行为来提升国有企业的融资效率；另一方面授权放权使国有企业管理层权力增大，这可能引发管理层利用手中控制权进行自利行为从而加剧国有企业的委托代理问题。而管理层的代理行为会对企业投资回报率产生直接的负向影响。外部投资者也可能因产生类似预期而索要更多成本金，从而对国有企业融资效率产生负向影响。上述两个相反方向的作用相互抵消，可能就是内部人控制机制路径未显著的主要原因。

表7-16　国有资本授权经营与国有企业融资效率－影响机制检验

DepVar =	（1）	（2）	（3）	（4）	（5）
		政府干预机制		内部人控制机制	
	第一步	第二步	第三步	第二步	第三步
	FE	Burden	FE	Agency	FE
Burden			−0.303** （0.034）		
Agency					2.455*** （0.000）
DID	0.803*** （0.001）	−0.276*** （0.000）	0.718*** （0.001）	−0.025* （0.076）	0.638*** （0.007）
Size	−0.040 （0.737）	0.044*** （0.000）	0.084 （0.489）	0.042*** （0.001）	−0.144 （0.207）

续 表

DepVar =	(1)	(2)	(3)	(4)	(5)
		政府干预机制		内部人控制机制	
	第一步	第二步	第三步	第二步	第三步
	FE	Burden	FE	Agency	FE
Lev	−1.995***	−0.195***	−1.949***	−0.364***	−1.026**
	(0.000)	(0.000)	(0.000)	(0.000)	(0.042)
Growth	0.104***	0.010**	0.107***	0.020***	0.052
	(0.006)	(0.011)	(0.006)	(0.000)	(0.157)
Ato	1.131***	0.018	1.026***	0.805***	−0.908***
	(0.000)	(0.439)	(0.000)	(0.000)	(0.000)
Tang	−2.460***	−0.129**	−2.458***	−0.471***	−1.292**
	(0.000)	(0.026)	(0.000)	(0.000)	(0.024)
Age	−0.255	0.003	−0.936**	−0.016	−0.343
	(0.319)	(0.943)	(0.014)	(0.607)	(0.237)
Shrcr1	1.721*	−0.339***	2.037**	−0.566***	3.302***
	(0.070)	(0.000)	(0.038)	(0.000)	(0.000)
Ceo	−0.314	0.026	−0.312	−0.045**	−0.226
	(0.106)	(0.184)	(0.118)	(0.027)	(0.229)
Board	0.496	−0.020	0.767	−0.011	0.680
	(0.323)	(0.684)	(0.140)	(0.832)	(0.161)
Idd	0.314	0.108	0.640	0.856***	−1.517
	(0.821)	(0.151)	(0.653)	(0.000)	(0.261)
Year	Yes	Yes	Yes	Yes	Yes
Firm	Yes	Yes	Yes	Yes	Yes
Constant	2.177	−0.796**	0.260	−1.093***	4.745
	(0.535)	(0.025)	(0.944)	(0.003)	(0.164)
Observations	6699	6281	6281	6518	6518
Adj_R^2	0.118	0.829	0.477	0.648	0.507

7.7 本章小结

本章将企业融资效率定义为企业筹集资金并用以实现价值增长的能力，在此基础上发现，国有资本授权经营能够显著促进国有企业融资效率的提升。分别利用替换融资效率度量指标、安慰剂检验等方法进行稳健性检验后，上述研究结论不变。

进一步研究发现，对于国有资本授权经营的作用，相比地方国有企业，在中央企业中更显著；这一作用并没有因公司类别而产生差异；相比管理层权力较大的企业，在管理层权力较小的企业中更显著；相比受融资约束较大的企业，在受融资约束较小的企业中更显著。最后，本章还对国有资本授权经营对国有企业融资效率的影响机制进行了检验，发现国有资本授权经营之所以能够促进国有企业融资效率提升，主要源于国有资本授权经营能够降低政府干预。

8　研究结论、启示与展望

8.1　研究结论

本书通过文献综述和制度背景分析，从出资者财务理论、管理幅度理论以及治理理论出发论述了国有资本授权经营范式的理论逻辑。在此基础上综合政府干预理论、内部人控制理论和管理层权力理论，分别从政府干预和内部人控制视角理清国有资本授权经营与国有企业融资行为的理论逻辑，构建国有资本授权经营影响国有企业融资行为的理论分析框架。最后结合国有企业融资存在的现实问题，选取负债水平、资本结构动态调整、过度负债三个视角，采用双重差分方法，对国有资本授权经营之于国有企业融资行为的影响效果、调节因素和作用机制进行了系统的理论分析与实证检验，使得本书所构建的理论分析框架得以检验，并且最终得出以下主要结论：

（1）国有资本授权经营能够显著促进国有企业融资行为优化

国有资本授权经营体制的改革，旨在通过一系列核心改革举措，促进国有资本配置结构优化和国有资本配置效率提升。这不仅涉及国有企业内部治理结构的完善，还包括外部监督机制的强化。本书研究发现，国有资本授权经营能够促进国有企业融资行为优化，具体表现为能够显著降低国有企业的负债水平，提高实际资本结构向目标资本结构趋近的调整速度，并且能够提高国有企业的融资效率。这些研究发现对于指导国有资本授权经营制度改革和企业融资行为优化具有重要的意义。

（2）降低政府干预是国有资本授权经营影响国有企业融资行为的最重要机制，而抑制内部人控制的作用仅在部分检验中成立

本书在梳理国有资本授权经营核心改革举措和国有企业融资行为影响因素的基础上进行机制检验发现，减少政府对国有企业的行政干预是国有资本

授权经营影响国有企业负债水平、资本结构调整速度以及融资效率的核心作用路径。改组组建两类公司和授权放权等举措有效降低了国有企业受到的政府干预程度，并且政府干预程度的降低显著促进了国有企业融资决策的改善。在内部人控制机制方面，机制检验发现，虽然国有资本授权经营能够完善公司治理机制和提高国资监管的专业性与科学性等举措，在一定程度上约束了国有企业管理层有损股东利益的代理行为，促进了国有企业代理成本的降低，但由此对国有企业融资行为产生的治理作用并不总是显著有效的，该路径在融资效率角度的研究中并不成立。上述检验支持了本书在机制分析时所提出的研究观点："对于国有资本授权经营制度改革效果的分析与评价，不仅需要考察国有资本授权经营在降低政府干预方面产生的积极影响，还需要关注其在企业内部人控制方面可能产生的治理作用和可能引发的代理问题。"

（3）行政级别、公司类别、管理层权力水平、企业成长性等因素会对国有资本授权经营与国有企业融资行为的关系产生重要的影响

中央企业和地方国有企业在体制机制约束、受政府干预程度、公司治理完善程度以及本身的融资问题情况等方面存在差异，导致国有资本授权经营对国有企业融资行为的影响存在差异：主要表现为相比于地方国有企业，国有资本授权经营对中央企业的负债水平和融资效率的影响更显著。

两类公司的改组组建是国资监管部门剥离国有企业管理职能的过渡载体，在功能定位上存在较大差异，但是此差异产生的影响仅在国有资本授权经营与国有企业负债水平、资本结构动态调整关系中显著，而对国有资本授权经营与国有企业融资效率的关系并未产生显著影响。

国有资本授权经营制度改革以"授权放权"为核心手段，这会增大管理者关于国有企业经营决策的控制权，这与企业本身管理层权力的大小可能产生叠加作用，从而可能对国有资本授权经营产生重要影响：主要表现为相比管理层权力较大的国有企业，国有资本授权经营对管理层权力较小的国有企业负债水平、融资效率的影响更显著。

融资约束会制约企业的生存和成长，致使企业无法自信地进行投资和生产经营。而预算软约束问题让国有企业获得债务融资优势，导致国有企业管理者降低负债水平的动机较小。本书发现，相比受融资约束较大的国有企业，国有资本授权经营提升融资效率的作用在受融资约束较小的国有企业样本中更显著，而融资优惠会抑制国有资本授权经营在降低企业负债水平方面的作用，这是一个很有趣的现象。

此外，本书还发现，企业成长性、企业所处的生命周期阶段、非国有股东持股比例等特征会调节国有资本授权经营对国有企业融资行为的影响。

（4）综合政府干预视角和企业内部人控制视角构建的关于国有资本授权经营作用的分析框架具有一定的适用性和启发性

据可及文献，已有关于国有资本授权经营的文献研究虽然对制度改革的重要意义、授权经营模式以及两类公司的改组组建等方面进行了探索性研究，但是缺乏一个严谨的理论分析框架，制约了国有资本授权经营研究的进一步拓展。本书从国有企业在融资行为方面存在的现实问题出发，通过对治理理论、出资者财务理论以及管理幅度理论的分析，论述了国有资本授权经营范式的理论逻辑。然后基于政府干预理论、内部人控制理论以及管理层权力理论对国有企业融资决策的影响因素进行了系统梳理，在此基础上构建了国有资本授权经营影响国有企业融资行为的理论分析框架。最后在此逻辑下对国有资本授权经营之于国有企业融资行为影响效果和作用机制进行检验，证明本书所构建的理论分析框架对于国有资本授权经营研究具有一定的适用性。同时，本书所构建的理论分析框架说明，在进行国有资本授权经营经济后果研究时以及完善相关政策设计时，需要综合评估特定改革举措在政府监管视角和企业内部管理视角所可能造成的不同影响（包括预期的积极影响和非预期的消极影响）。以此才能够更有效地发挥制度改革的治理效应，助力实现国有资本保值增值目标。

8.2　研究启示

本书对国有资本授权经营与国有企业融资行为的关系进行了检验，拓展了国有资本授权经营的研究视角，同时具有较强的政策含义，对能够更好地理解现实国有企业融资行为和进一步完善、推进国有资本授权经营制度改革具有较强的启示意义。本书结合前面的理论分析框架和研究结论，从国家治理、政府放权监管以及企业履职行权三个层面分别提出以下建议。

8.2.1　国家治理层面

在国家治理层面，关注国有资本授权经营对国有企业融资行为的改善作用，依托这一改革政策以及与其他国有企业改革政策目标的互促作用，促进理顺政府与市场、政府与国有企业之间的关系，助力国家治理现代化建设。

（1）关注国有资本授权经营对国有企业融资行为的改善作用，坚持进一步扩大和深化改革试点范围的政策导向

国有资本的主要载体是国有企业，在国民经济发展中承担着重要的支柱性作用。对国有企业的融资行为进行优化，不仅关乎国有企业是否能够健康成长，也是实现宏观国有资本有效配置的微观基石。本书的研究发现，在实际的改革试点过程中，国有资本授权经营能够通过系列改革举措促进国有企业融资行为情况的改善，较好地实现了制度改革的预期目标。这支持了《国务院关于印发改革国有资本授权经营体制方案的通知》（国发〔2019〕9号）"出资人代表机构加快转变职能和履职方式，切实减少对国有企业的行政干预。将更多具备条件的中央企业纳入两类公司试点范围，赋予企业更多经营自主权"的政策导向。

此外，"去杠杆"战略是国家供给侧结构性改革的重点内容，而国有企业是我国"去杠杆"工作的重点领域，第5章的分析发现国有资本授权经营能够促进降低国有企业负债水平。这为国有资本授权经营制度改革助力"去

杠杆"提供了证据支持，对我国继续深入完善国有资本授权经营制度改革、促进国资国企改革以及助力供给侧结构性改革具有重要的启示意义。

（2）依托国有资本授权经营制度改革，正确处理政府与市场、政府与国有企业之间的关系，助力国家治理现代化建设

在国家治理现代化的要求下，政府不仅担负着管理社会公共事务的职责，还应该是有限度的、依法行政的政府。党的十八届三中全会明确强调了市场在资源配置中的决定性作用。本书的理论分析发现，治理理论的三个基本理念和范式成为国有资产管理体制由"管资产"向"管资本"转变过程中重点借鉴的部分，国有资本授权经营制度改革也较好地遵从了这一理论指导。为有效助力国家治理现代化建设，国有资本授权经营制度改革应该继续重点妥善处理好政府与市场的关系，科学划定国资委与国有资本投资之间的角色定位和权责关系。需要防止监管过度问题，同时也需要减少因政府介入而产生的不公平竞争问题，促进国有企业与市场经济的融合。国有资本授权经营制度的改革应妥善处理政府、两类公司以及国有企业之间的关系。以国资委为代表的国资监管机构应明确自己的角色定位，聚焦外部监管而非直接管理企业的职能，以循序渐进的方式解决内部人控制、政府干预过多等历史遗留问题，促进国有经济的高质量发展，助力国家治理现代化建设。

8.2.2 政府放权监管层面

在政府放权层面，需要加快国资委从管企业向管资本的职能转变，根据国有企业的实际情况进行因企施策、分类授权。同时需要注意优化授权放权过程中的动态调整机制，进行严格的授权放权效果评估和责任追究管控。从而促进实现放权到位、行权有效并充分避免权力滥用，以此更好地发挥国有资本授权经营对于改善国有企业融资行为的促进作用。

（1）区别行政级别、公司类别、管理层权力水平等差异，坚持按照"一企一策"的原则因企施策、分类授权

中央企业和地方国有企业在进行国有资本授权经营制度改革试点方面的

规范性和贯彻各类改革举措的积极性等方面存在差异，导致国有资本授权经营对国有企业融资行为的影响存在差异。而且总体来看，国有资本授权经营对中央企业融资行为的改善作用较为明显。所以，一方面，鉴于中央企业进行国有资本授权经营制度改革的时间较早、授权经营框架较为完善且改革经验较为丰富，政府监管部门可以继续重点支持扩大中央企业的改革试点范围，并适当选取典型案例总结改革经验，形成可推广、复制的经验和模式，为地方国有企业进行国有资本授权经营制度改革提供借鉴参考。另一方面，国资监管机构，如国资委，在推动地方国有企业实施国有资本授权经营制度的改革过程中，应充分考虑这些企业与地方政府之间的特殊关系。在加大改革宣传的同时，应强化奖惩机制，激励地方国资监管机构主动制定和优化本地区的国有资本授权经营制度实施方案，定期调查并制定推动改革完善的政策建议，促进地方国有资本授权经营制度改革工作规范、有序开展。

两类公司的改组组建是推动国有资本授权经营制度改革的重要举措，其在功能定位上存在明显差异。从理论上来讲，企业的微观资本决策应该服务于两类公司的宏观功能定位，但是，本书发现两类公司的功能定位差异没有影响到国有企业的融资效率，说明在实际的改革试点过程中两类公司的角色定位可能比较模糊。因此，未来的制度完善应该进一步明确两类公司的功能定位和职能落实方案，以此才能更有效地推动两类公司功能作用的发挥，更好地促进国有企业融资结构优化和融资效率提升。

减少政府干预和治理内部人控制是国有资本授权经营对国有企业融资行为产生影响的两个关键路径。然而，当企业管理层的权力较大时，国有资本授权经营对融资行为的改善效果可能会不显著。这表明，以往放权改革遗留下来的内部人控制问题，可能会对国有资本授权经营的作用效果产生负面影响。国有资产监管部门在对国有企业进行授权放权时，要注意综合评估企业本身管理层权力水平以及管理层权力增大后可能产生的影响。当企业本身的管理层权力较大时，进一步的授权放权更容易加剧国有企业的内部人控制问题，也更容易引发管理层有损股东利益的代理行为。所以政府对这类国有企业的授权放权力度要适当。同时改革的重点要更多地放在国有企业管理层行权规范的制度建设上来，通过进一步强化监管和完善公司治理机制，促进实现国有资产出资者对管理层行为的有效约束，以此才能更为有效地发挥国有资本授权经营对改善国有企业融资行为的正向治理作用。

（2）在继续加大授权放权力度的前提下，坚持放管结合，统筹整合外部监管与内部公司治理机制对管理层权力行使的规范

首先，授权放权是国有资本授权经营的核心改革举措，能够直接减少政府对国有企业的行政干预。而政府干预角度的机制检验证明减少政府干预是国有资本授权经营影响国有企业融资行为的重要路径，说明继续加大政府的授权放权力度是国有资本授权经营制度完善的正确方向。国资委在将其原先行使的出资人权利充分授权给两类公司和其他直接监管的企业行使后，一方面应该注重以管资本为主创新监管方式，增加监督专门力量，分类处置和督办发现的问题，提升监督效能；另一方面应将该由企业自主决策的事项真正归位于企业，只通过委派的国有董事表达政府在重大决策等方面的意见，非必要情况下不再干涉国有企业的投融资活动，以增强国有企业经营活力。

其次，本书实证发现，国有资本授权经营并非总能通过约束管理层的代理行为来促进国有企业融资行为情况的改善。这一方面说明加强董事会治理、违规经营投资责任追究、经理人市场化选聘等治理机制的完善和国有资产监管效率的提升，来缓解股东与管理层之间的代理问题的作用效果有限，相关政策设计尚需重点完善；另一方面意味着政府的授权放权可能会因增大管理层权力而加剧国有企业内部人控制问题，进而弱化了国有资本授权经营本应该对管理层代理行为产生的治理作用。即说明关于约束管理层代理行为的公司治理机制和政府监管机制设计尚有较大的完善空间。这也是后续完善国有资本授权经营制度时需要重点关注和解决的问题。由于前文发现继续加强政府对国有企业的授权放权力度能够有效抑制政府干预对国有企业融资行为的负向影响，进一步的制度完善仍然会将放权作为重点。在此背景下，为了避免管理层权力增大引发的非预期代理行为，必须坚持放管结合，促进授

权与监管相结合、放活与管好相统一，以此才能最大化地实现国有资本授权经营对国有企业融资行为的改善作用。

8.2.3 企业履职行权层面

在国有企业履职行权层面，建议进一步探索和界定国有资产监管机构与两类公司之间、两类公司与所持股企业之间的权责边界与功能定位，促进国有企业政企分开、政资分开和出资者到位。然后在此基础上创新集团管控模式和子公司治理机制，增强国有企业的行权能力建设，促进释放国有企业经营活力。

（1）两类公司应该在明确自身功能定位的基础上，增强发挥作为政府与国有企业之间"隔离层"和国有资产出资者的作用

两类公司在国有资本授权经营框架体系中起到了承上启下的作用，一方面作为独立的法人主体，接受国资委和政府其他职能部门的授权和监督，应该在履职过程中进一步明确自身的职能定位，有效发挥政府与国有企业之间"隔离层"的角色。另一方面，作为推动国有资本市场化运营的平台公司，两类公司承担着国有资产出资者的角色，应该积极创新集团管控模式和子公司治理机制，持续完善和综合推进所属企业集团的经理人市场化选聘、董事会职权落实、预算管控等市场化监督考核机制。以有效约束管理层在行权过程中可能产生的有损股东利益的代理行为，更好地释放国有资本授权经营对改善国有企业融资行为的促进作用。为了提高国有企业集团进行资本授权经营改革的效率效果，两类公司在改革实践过程中应该注重学习和借鉴先进改革模式和改革经验。例如，可借鉴中粮、诚通的实践模式，在构建"资本运营—资产经营—生产/服务经营执行层"的三层次集团管控体系基础之上，推动监督体系从行政监管到资本监管的创新转变，构建和完善市场化经营机制。

此外，本书发现，两类公司的成立相当于在国有企业委托代理链条上增加了一个中间管理层级，由此带来的信息不对称问题可能会增加管理层利用

手中控制权进行自利的行为，进而可能对国有企业的融资决策效率产生负向影响。所以如何在改组新设两类公司和避免国资管理体系委托代理链条过长问题二者之间实现平衡，是国有资本授权经营制度改革方案制定时所必须考虑的一个重要问题。对于上述问题，可以把天津国资管理的改革模式和云南白药吸收合并白药控股的思路结合起来：一方面借鉴云南白药的改革模式完成控股集团公司的混改和委托代理链条的缩短；另一方面则借鉴天津的改革经验，通过组建两类公司实现国资管理从"管人管事管企业"向"管资本"的转化，以有效避免委托代理链条过长和由此引发的所有者缺位问题。

（2）国有出资企业应该增强国有资本授权经营政策对融资行为影响的认识，通过完善监督和约束机制来提高企业的实际行权能力

本书发现，国有资本授权经营能够对国有控股上市公司的融资问题产生治理作用，能够促进企业融资效率提升、降低负债水平、提高资本结构调整速度。这些融资要素的改善有助于提高国有企业的价值创造能力和长远发展能力。所以，国有控股上市公司以及除了两类公司之外的其他国有企业集团的成员企业，应该积极学习和主动了解国有资本授权经营改革对自身公司治理建设提出的新要求和新挑战，明确企业自身在国有资本授权经营制度改革过程中的角色定位以及相应的软肋或不足。同时关注主管政府部门的放权意愿以及企业自身的公司治理状况和管理层权力水平等因素对国有资本授权经营制度改革效果的影响，切实提高和规范运用被授予的权利，充分利用国有资本授权经营制度改革的"东风"，促进企业在市场上真正做到自主经营和发展，实现企业自身融资行为情况的改善和企业的长远健康发展。

（3）重视国有资本授权的信号作用，积极开展国有资本授权经营制度改革以迎合外部投资者的治理优化预期，促进改善国有企业融资行为情况

本书在研究国有资本授权经营与国有企业融资效率关系时发现，虽然国有资本授权经营的相关政策设计对于抑制国有企业管理层代理行为发挥了有效的促进作用，但却没有因此造成企业融资效率的提升。这一方面是因为在成立两类公司使国有企业委托代理链层级增加的情况下，管理层权力的增大

可能为自利行为提供便利条件，由此产生的代理问题会对投资回报率产生负面影响；另一方面说明国有资本授权经营的治理作用有限，尚不能对外部投资者的风险评估和投资决策产生有益于企业融资的影响。同时从信号传递的角度来看，外部投资者，尤其是股权投资者，并没有将国有资本授权经营制度改革理解为国有企业公司治理质量提升、经营风险降低的信号，而是更多地关注了政府干预减少和预算约束硬化等因素对国有企业经营风险造成的负面影响，导致国有资本授权经营没有从总体上降低国有企业的融资成本。所以，国有企业不仅需要对管理层权力增大引发的代理问题有一个清晰的认识，同时也需要认清国有资本授权经营尚未向外部投资者传递企业治理状况改善信号的现实。这表明国有企业不仅需要通过完善公司治理机制来约束管理层有损投资者利益的代理行为，也提醒企业需要适当宣传本企业进行国有资本授权经营制度改革的有益信息，将其作为企业本身公司治理情况改善的信号有效传递给外部投资者。以此降低外部投资者对国有企业的风险预期和风险溢价要求，促进国有企业融资成本的降低和融资效率的综合提升。

8.3 研究展望

本书尚有一些不足，同时这些也是作者未来需要继续深化探究的研究方向和内容，具体有以下几个方面的内容：

第一，本书重点从融资的层面，选取负债水平、资本结构动态调整以及融资效率三个角度对国有资本授权经营的作用进行了研究。但融资是一个比较综合的概念，包括微观企业、中观行业以及宏观市场的融资。而且微观企业层面的融资行为还可以从债权结构、股权结构以及过度负债等方面进行研究。这些将是作者所关注的进一步研究方向。

第二，本书通过政策与改革实践的梳理，总结国有资本授权经营的核心改革举措，结合国有企业融资问题的主要成因，尝试从政府干预和内部人控制两个视角进行了理论框架构建和实证检验。虽然这样做的思路比较清晰，重点也比较突出，但是可能会疏漏了一些其他不是十分明显的影响机制，例如信号传递和政府补助等带来的影响。那么，除此之外还有哪些影响机制，对国有企业融资行为的影响还有哪些？这将是作者所关注的进一步研究方向。

第三，影响国有资本授权经营作用效果发挥的因素比较复杂，基于篇幅和研究主题重点的考虑，本书从作用机制分析出发，选取行政级别、公司类别、管理层权力以及成长性等指标进行了异质性分析。但是除此之外，政府干预程度、公司治理质量、内部人控制质量、董事会特征等企业特征因素，以及同样作为深化国资国企改革阶段重点内容的董事会改革、违规责任追究等改革举措也可能会产生重要影响，今后希望能进一步进行深化研究。

参考文献

白俊, 连立帅, 2014. 国企过度投资溯因: 政府干预抑或管理层自利? [J]. 会计研究 (2): 41-48.

白重恩, 路江涌, 陶志刚, 2006. 国有企业改制效果的实证研究 [J]. 经济研究 (8): 4-13.

卜君, 孙光国, 2021. 国资监管职能转变与央企高管薪酬业绩敏感性 [J]. 经济管理, 43 (6): 117-135.

蔡树堂, 郑志冰, 2000. 关于国有资产三级授权经营管理体制若干问题的思考 [J]. 中州学刊 (3): 14-16.

曹清峰, 2020. 国家级新区对区域经济增长的带动效应: 基于 70 大中城市的经验证据 [J]. 中国工业经济 (7): 43-60.

曹亚勇, 刘计含, 王建琼, 2013. 企业社会责任与融资效率 [J]. 软科学 (9): 51-54.

曾刚, 耿成轩, 2019. 中国高端装备制造上市企业融资效率的实证测度: 基于 Super-SBM 和 Malquist 模型 [J]. 科技管理研究 (10): 233-242.

陈道江, 2014. 国有资本投资运营的理性分析与路径选择 [J]. 中共中央党校学报 (2): 59-63.

陈冬华, 陈信元, 万华林, 2005. 国有企业中的薪酬管制与在职消费 [J]. 经济研究 (2): 92-101.

陈林, 万攀兵, 2019. 《京都议定书》及其清洁发展机制的减排效应: 基于中国参与全球环境治理微观项目数据的分析 [J]. 经济研究 (3): 55-71.

陈樵生, 1993. 授权经营是国有企业产权改革的重要措施 [J]. 中国工业经济研究 (11): 57-59.

陈榕, 蒋琰, 2008. 董事会独立性与提高权益融资效率初探: 中国资本市场的实际验证 [J]. 天津财经大学学报 (12): 38-42.

陈湘永，张剑文，张伟文，2000.我国上市公司"内部人控制"研究[J].管理
    世界（4）：103-109.

陈艳利，姜艳峰，2021.国有资本授权经营是否有助于缓解国有企业非效率投
    资？[J].经济与管理研究，42（8）：124-144.

陈艳利，戚乃媛，2023.国有资本投资运营公司的创新驱动路径研究：基于扎
    根理论的探索性分析[J].财经问题研究（3）：94-105.

陈艳利，钱怀安，2021.非国有股东治理与国有企业去杠杆[J].财经问题研究
    （6）：118-126.

陈钊，2004.经济转轨中的企业重构：产权改革与放松管制[M].上海人民出版社.

程小可，沈昊旻，高升好，2021.贸易摩擦与权益资本成本[J].会计研究（2）：
    61-71.

程仲鸣，夏新平，余明桂，2008.政府干预、金字塔结构与地方国有上市公司
    投资[J].管理世界（9）：37-47.

崔伟，2008.企业负债融资的分析与策略[J].财会研究（17）：60-62.

戴亦一，肖金利，潘越，2016.乡音能否降低公司代理成本？：基于方言视角
    的研究[J].经济研究（12）：147-160.

戴雨晴，李心合，2021.管理层权力制衡强度与资本结构调整速度：基于债务
    约束效应视角[J].经济管理（4）：173-190.

丁学东，赵超，柯永果，2000.国有资产授权经营亟待规范[J].中国财政（5）：
    40-41.

董红晔，李小荣，2014.国有企业高管权力与过度投资[J].经济管理（10）：75-87.

范如国，2014.复杂网络结构范型下的社会治理协同创新[J].中国社会科学
    （4）：98-12.

范小云，方才，何青，2017.谁在推高企业债务融资成本：兼对政府融资的
    "资产组合效应"的检验[J].财贸经济，38（1）：51-65.

方军雄，2007.所有制、市场化进程与资本配置效率[J].管理世界（11）：27-35.

方军雄，2007.所有制、制度环境与信贷资金配置[J].经济研究（12）：82-92.

方政，徐向艺，陆淑婧，2017.上市公司高管显性激励治理效应研究：基于"双向治理"研究视角的经验证据[J].南开管理评论，20（2）：122-132.

甘丽凝，陈思，胡珉，等，2019.管理层语调与权益资本成本：基于创业板上市公司业绩说明会的经验证据[J].会计研究（6）：27-34.

高明华，2019.澄清对国有资本授权经营的模糊认识[J].中国党政干部论坛（5）：54-57.

高西有，2000.中国金融体制的效率评价及改革[J].经济与管理研究（6）：36-40.

高雨辰，万滢霖，张思，2021.企业数字化、政府补贴与企业对外负债融资：基于中国上市企业的实证研究[J].管理评论，33（11）：106-120.

耿成轩，曾刚，2019.政府补贴、融资约束与战略性新兴产业融资效率：基于双边随机边界模型的实证研究[J].管理现代化（4）：5-8.

龚朴，张兆芹，2014.资本结构动态调整速度的异质性研究[J].管理评论，26（09）：11-21.

顾研，周强龙，2018.政策不确定性、财务柔性价值与资本结构动态调整[J].世界经济，41（6）：102-126.

郭宏，李婉丽，高伟伟，2020.政治治理、管理层权力与国有企业过度投资[J].管理工程学报（2）：71-83.

韩朝华，2003.明晰产权与规范政府[J].经济研究（2）：18-26.

韩金红，潘莹，2021.产业政策、产权性质与资本结构动态调整[J].投资研究，40（3）：131-148.

韩鹏飞，胡奕明，2015.政府隐性担保一定能降低债券的融资成本吗?：关于国有企业和地方融资平台债券的实证研究[J].金融研究（3）：116-130.

何诚颖，1999.如何认识国有资产三级授权经营体制[J].改革（2）：52-56.

何金，2000.国有资产三级授权经营体制有悖于国有企业改革方向：兼谈深圳市试行情况[J].中国经济问题（2）：32-36.

何瑛，杨琳，文雯，2023.非国有股东参与治理能提高国有企业融资行为的"市场理性"吗：来自资本结构动态调整的证据[J].南开管理评论，26（1）：

118-133.

何玉，唐清亮，王开田，2014.碳信息披露、碳业绩与资本成本[J].会计研究（1）：79-86.

洪金明，袁一辰，2024.金融监管与国有企业过度负债治理：来自资管新规的经验证据[J].经济问题（8）：75-84.

胡锋，黄速建，2017.对国有资本投资公司和运营公司的再认识[J].经济体制改革（6）：98-103.

胡改蓉，2009."国有资产授权经营"制度的剖析及其重构[J].西部法学评论（2）：84-91.

胡明霞，干胜道，2018.生命周期效应、CEO权力与内部控制质量：基于家族上市公司的经验证据[J].会计研究（3）：64-70.

胡援成，田满文，2008.代理成本、融资效率与公司业绩：来自中国上市公司的实证[J].财贸经济（8）：61-66.

黄宏斌，翟淑萍，陈静楠，2016.企业生命周期、融资方式与融资约束：基于投资者情绪调节效应的研究[J].金融研究（7）：96-112.

黄辉，2009.企业特征、融资方式与企业融资效率[J].预测（2）：21-27.

黄辉，2009.制度导向、宏观经济环境与企业资本结构调整：基于中国上市公司的经验证据[J].管理评论（3）：10-18.

黄继承，姜付秀，2015.产品市场竞争与资本结构调整速度[J].世界经济（7）：99-119.

黄继承，阚铄，朱冰，2016.经理薪酬激励与资本结构动态调整[J].管理世界（11）：156-171.

黄继承，朱冰，向东，2014.法律环境与资本结构动态调整[J].管理世界（5）：142-156.

黄俊威，龚光明，2019.融资融券制度与公司资本结构动态调整：基于"准自然实验"的经验证据[J].管理世界（10）：64-81.

黄速建，1994.论企业集团国有资产的授权经营及其他[J].中国工业经济研究

（6）：64-72.

黄振，郭晔，2021.央行担保品框架、债券信用差与企业融资成本[J].经济
　　研究（1）：105-121.

姜付秀，黄继承，2013.CEO财务经历与资本结构决策[J].会计研究（5）：27-34.

姜付秀，黄继承，2011.市场化进程与资本结构动态调整[J].管理世界（3）：
　　124-134.

姜付秀，支晓强，张敏，2008.投资者利益保护与股权融资成本：以中国上市
　　公司为例的研究[J].管理世界（2）：117-125.

蒋凯，杨超，凌思远，2019.我国国有资本授权经营演进历程及其阶段性特征[J].
　　财政科学（1）：106-114.

蒋琰，2009.权益成本、债务成本与公司治理：影响差异性研究[J].管理世界
　　（11）：144-155.

金丹，田敏嫦，2023.数字金融与企业资本结构动态调整：基于融资约束视角[J].
　　华东经济管理，37（5）：9-17.

靳来群，林金忠，丁诗诗，2015.行政垄断对所有制差异所致资源错配的影响[J].
　　中国工业经济（4）：31-43.

黎精明，汤群，2020.国有资本授权经营制度改革的基本范式及理论支撑[J].财
　　会月刊（9）：98-103.

黎凯，叶建芳，2007.财政分权下政府干预对债务融资的影响：基于转轨经济
　　制度背景的实证分析[J].管理世界（8）：23-34.

李端生，宋璐，2020.国有资本投资运营公司成立提高企业价值了吗？：来自
　　中央企业和省级改革试点的经验数据[J].经济与管理研究（10）：103-120.

李广子，刘力，2009.债务融资成本与民营信贷歧视[J].金融研究（12）：137-
　　150.

李慧云，刘镝，2016.市场化进程、自愿性信息披露和权益资本成本[J].会计
　　研究（1）：71-78.

李倩，焦豪，2021.高管团队内薪酬差距与企业绩效：顾客需求不确定性与企

业成长性的双重视角[J].经济管理，43（6）：53-68.

李青原，吴素云，王红建，2015.通货膨胀预期与企业银行债务融资[J].金融研究（11）：124-141.

李文贵，余明桂，钟慧洁，2017.央企董事会试点、国有上市公司代理成本与企业绩效[J].管理世界（8）：123-135.

李文兴，汤一用，2021.混改背景下国有企业投融资机制创新问题研究[J].中州学刊（3）：29-35.

李昕潼，池国华，2017.经济增加值考核对降低国有企业成本的影响：基于权益资本成本的视角[J].学术交流（2）：152-155.

李艳，杨汝岱，2018.地方国企依赖、资源配置效率改善与供给侧改革[J].经济研究（2）：80-94.

李云鹤，李湛，唐松莲，2011.企业生命周期、公司治理与公司资本配置效率[J].南开管理评论，14（3）：110-121.

连玉君，彭镇，蔡菁，等，2020.经济周期下资本结构同群效应研究[J].会计研究（11）：85-97.

梁上坤，张宇，王彦超，2019.内部薪酬差距与公司价值：基于生命周期理论的新探索[J].金融研究（4）：188-206.

林芳，冯丽丽，2012.管理层权力视角下的盈余管理研究：基于应计及真实盈余管理的检验[J].山西财经大学学报（7）：96-104.

林慧婷，何玉润，王茂林，等，2016.媒体报道与企业资本结构动态调整[J].会计研究（9）：41-46.

林毅夫，李志赟，2004.政策性负担、道德风险与预算软约束[J].经济研究（2）：17-27.

凌文，2012.央企控股上市公司九大热点问题研究[J].管理世界（1）：2-8.

刘贯春，段玉柱，刘媛媛，2019.经济政策不确定性、资产可逆性与固定资产投资[J].经济研究（8）：53-70.

刘慧龙，吴联生，王亚平，2012.国有企业改制、董事会独立性与投资效率[J].

金融研究（9）：127-140.

刘茂才，周殿昆，1996.对"国有独资、授权经营"现象的反思及改进建议[J].
经济研究（11）：21-26.

刘小玄，李利英，2005.改制对企业绩效影响的实证分析[J].中国工业经济
（3）：5-12.

刘行，李小荣，2012.金字塔结构、税收负担与企业价值：基于地方国有企业
的证据[J].管理世界（8）：91-105.

刘银国，席玉玲，2002.国有企业资本结构的现状、成因及对策[J].经济问题
探索（9）：90-94.

刘云华，任广乾，2024.高管变更对国有企业负债水平的影响研究[J].河南社
会科学，32（8）：93-104.

柳学信，2015.国有资本的公司化运营及其监管体系催生[J].改革（2）：23-33.

卢福财，2000.论企业融资与通货紧缩[J].江西财经大学学报（3）：15-17.

卢福财，2003.企业融资效率分析[M]北京：经济管理出版社.

陆正飞，何捷，窦欢，2015.谁更过度负债：国有还是非国有企业？[J].经济
研究（12）：54-67.

陆正飞，辛宇，1998.上市公司资本结构主要影响因素之实证研究[J].会计研
究（8）：36-39.

罗德明，李晔，史晋川，2012.要素市场扭曲、资源错置与生产率[J].经济研
究（3）：4-14.

罗栋梁，李克思，2023.政策性负担、简政放权与地方国企资本结构动态调整[J].
经济与管理，37（1）：49-60.

罗培新，2005.国有资产授权经营的法律问题研究[J].经济体制改革（3）：5-9.

罗知，张川川，2015.信贷扩张、房地产投资与制造业部门的资源配置效率[J].
金融研究（7）：60-75.

马连福，王元芳，沈小秀，2012.中国国有企业党组织治理效应研究：基于
"内部人控制"的视角[J].中国工业经济（8）：82-95.

马文超，胡思玥，2012.货币政策、信贷渠道与资本结构[J].会计研究（11）：39-48.

马文涛，董松柯，贾鹏飞，等，2023.国有企业监管体制的去杠杆效应：来自国有企业隶属关系变更的理论逻辑与经验证据[J].财经研究，49（4）：4-19.

马新啸，汤泰劼，蔡贵龙，2021.非国有股东治理与国有企业去僵尸化：来自国有上市公司董事会"混合"的经验证据[J].金融研究（3）：95-113.

马忠，张冰石，夏子航，2017.以管资本为导向的国有资本授权经营体系优化研究[J].经济纵横（5）：20-25.

毛新述，叶康涛，张頔，2012.上市公司权益资本成本的测度与评价：基于我国证券市场的经验检验[J].会计研究（11）：12-22.

聂辉华，贾瑞雪，2011.中国制造业企业生产率与资源误置[J].世界经济（7）：27-42.

彭俊超，2021.贸易政策不确定性与公司资本结构调整速度[J].经济学家（2）：52-61.

戚聿东，张任之，2019.新时代国有企业改革如何再出发？：基于整体设计与路径协调的视角[J].管理世界（3）：17-30.

齐绍洲，2007.公司治理、融资效率与经济增长[J].证券市场导报（2）：44-47.

祁怀锦，李晖，刘艳霞，2019.政府治理、国有企业混合所有制改革与资本配置效率[J].改革（7）：40-51.

綦好东，郭骏超，朱炜，2017.国有企业混合所有制改革：动力、阻力与实现路径[J].管理世界（10）：8-19.

綦好东，刘浩，朱炜，2018.过度负债企业"去杠杆"绩效研究[J].会计研究（12）：3-11.

钱颖一，1995.企业的治理结构改革和融资结构改革[J].经济研究（1）：20-29.

青木昌彦，张春霖，1994.对内部人控制的控制：转轨经济中公司治理的若干问题[J].改革（6）：11-24.

权小锋，吴世农，文芳，2010.管理层权力、私有收益与薪酬操纵[J].经济研究，45（11）：73-87.

沈艺峰，肖珉，黄娟娟，2005.中小投资者法律保护与公司权益资本成本[J].
经济研究（6）：115-124.

盛丹，刘灿雷，2016.外部监管能够改善国企经营绩效与改制成效吗？[J].经
济研究（10）：97-111.

盛明泉，张春强，王烨，2016.高管股权激励与资本结构动态调整[J].会计研
究（2）：44-50.

盛明泉，张敏，马黎珺，2012.国有产权、预算软约束与资本结构动态调整
[J].管理世界（3）：151-157.

盛毅，顾宇红，2000.国有资产授权经营问题研究[J].社会科学研究（1）：61-65.

史贝贝，冯晨，康蓉，2019.环境信息披露与外商直接投资结构优化[J].中国
工业经济（4）：98-116.

宋文兵，1998.关于融资方式需要澄清的几个问题[J].金融研究（1）：3-5.

苏东斌，1995.国有企业产权改革的深圳模式：三级授权经营制——委托代理
关系的案例分析及其启示[J].经济研究（8）：9-12.

孙会霞，陈金明，陈运森，2013.银行信贷配置、信用风险定价与企业融资效
率[J].金融研究（11）：55-67.

孙铮，刘凤委，李增泉，2005.市场化程度、政府干预与企业债务期限结构：
来自我国上市公司的经验证据[J].经济研究（5）：52-63.

唐宗焜，1994.国有资产产权经营与管理的授权问题[J].经济学动态（7）：9-12.

田利辉，2005.国有产权、预算软约束和中国上市公司杠杆治理[J].管理世界
（7）：123-128.

童勇，2004.资本结构的动态调整和影响因素[J].财经研究（10）：96-104.

汪玉兰，窦笑晨，李井林，2020.集团控制会导致企业过度负债吗[J].会计研
究（4）：76-87.

王爱国，张志，王守海，2019.政府规制、股权结构与资本成本：兼谈我国公
用事业企业的"混改"进路[J].会计研究（5）：11-19.

王凤荣，高飞，2012.政府干预、企业生命周期与并购绩效：基于我国地方国有上市公司的经验数据[J].金融研究（12）：137-150.

王凯，王辰烨，2023.国有资本投资运营公司组建对企业创新的影响研究：基于准自然实验的证据[J].管理学刊，36（1）：120-139.

王亮亮，王跃堂，2015.企业研发投入与资本结构选择：基于非债务税盾视角的分析[J].中国工业经济（11）：125-140.

王曙光，王天雨，2017.国有资本投资运营公司：人格化积极股东塑造及其运行机制[J].经济体制改革（3）：116-122.

王曙光，徐余江，2017.国有资本投资运营平台构建的动机模式与风险规避[J].新视野（4）：20-26.

王曙光，杨敏，2018.地方国有资本投资运营平台：模式创新与运行机制[J].改革（12）：131-141.

王新红，2016.《企业国有资产法》若干法律问题初探[J].福建师范大学学报（哲学社会科学版）（1）：21-28.

王雪，廖强，王钰涵，2023.国有资本投资运营公司改革和企业自愿性信息披露[J].当代财经（3）：144-156.

王艺霖，王爱群，2014.内控缺陷披露、内控审计与债务资本成本：来自沪市A股上市公司的经验证据[J].中国软科学（2）：150-160.

王元芳，马连福，2014.国有企业党组织能降低代理成本吗？：基于"内部人控制"的视角[J].管理评论，26（10）：138-151.

王跃堂，王亮亮，彭洋，2010.产权性质、债务税盾与资本结构[J].经济研究（9）：122-136.

魏志华，王贞洁，吴育辉，等，2012.金融生态环境、审计意见与债务融资成本[J].审计研究（3）：98-105.

温忠麟，叶宝娟，2014.中介效应分析：方法和模型发展[J].心理科学进展（22）：731-745.

文宗瑜，宋韶君，2018.国有资本运营职能从国有企业剥离的改革逻辑及绩效评价体系重构[J].北京工商大学学报（社会科学版）（2）：10-17.

吴秋生，独正元，2019.混合所有制改革程度、政府隐性担保与国企过度负债[J].经济管理，41（8）：162-177.

吴娅玲，2012.会计稳健性对公司债权融资效率的影响[J].经济管理，34（10）：139-147.

项安波，2018.重启新一轮实质性、有力度的国企改革：纪念国企改革40年[J].管理世界，34（10）：95-104.

肖浩，夏新平，2010.政府干预、政治关联与权益资本成本[J].管理学报，7（6）：921-929.

肖劲，马亚军，2004.企业融资效率及理论分析框架[J].财经科学（S1）：337-340.

肖土盛，孙瑞琦，2021.国有资本投资运营公司改革试点效果评估：基于企业绩效的视角[J].经济管理，43（8）：5-22.

肖泽忠，邹宏，2008.中国上市公司资本结构的影响因素和股权融资偏好[J].经济研究（6）：119-134.

肖作平，2007.公司治理和融资政策的关系研究综述[J].证券市场导报（8）：50-56.

肖作平，2004.资本结构影响因素和双向效应动态模型：来自中国上市公司面板数据的证据[J].会计研究（2）：36-41.

谢志华，1997.出资者财务论[J].会计研究（5）：25-30.

谢志华，2016.国有资产授权经营体系：理论和框架[J].北京工商大学学报（社会科学版）（4）：4-13.

徐浩萍，吕长江，2007.政府角色、所有权性质与权益资本成本[J].会计研究（6）：61-67.

徐文进，2020."管资本"功能视角下国有资本投资运营公司研究[J].东吴学术（5）：123-128.

徐细雄，刘星，2013.放权改革、薪酬管制与企业高管腐败[J].管理世界（3）：

119-132.

徐晓东，陈小悦，2003.第一大股东对公司治理、企业业绩的影响分析[J].经济研究（2）：64-74.

许志，林星芩，赵艺青，2017.我国上市公司隐含权益资本成本的测度与评价[J].投资研究（3）：52-73.

薛俭，朱迪，2021.绿色信贷政策能否改善上市公司的负债融资？[J].经济经纬，38（1）：152-160.

杨筝，刘放，李茫茫，2017.利率市场化、非效率投资与资本配置：基于中国人民银行取消贷款利率上下限的自然实验[J].金融研究（5）：81-96.

于蔚，金祥荣，钱彦敏，2012.宏观冲击、融资约束与公司资本结构动态调整[J].世界经济（3）：24-47.

余明桂，潘红波，2008.政府干预、法治、金融发展与国有企业银行贷款[J].金融研究（9）：1-22.

余明桂，夏新平，邹振松，2006.管理者过度自信与企业激进负债行为[J].管理世界（8）：104-112.

张博，韩亚东，李广众，2021.高管团队内部治理与企业资本结构调整：基于非CEO高管独立性的视角[J].金融研究（2）：153-170.

张海君，2017.内部控制、法制环境与企业融资效率：基于A股上市公司的经验证据[J].山西财经大学学报（7）：84-97.

张慧敏，孙浩然，李琼，2021.非国有股东治理与国有企业资本结构调整速度[J].华东经济管理，35（7）：97-107.

张林山，蒋同明，李晓琳，等，2015.以管资本为主加强国资监管[J].宏观经济管理（9）：27-31.

张霖琳，刘峰，蔡贵龙，2015.监管独立性、市场化进程与国企高管晋升机制的执行效果：基于2003—2012年国企高管职位变更的数据[J].管理世界（10）：117-131.

张敏，吴联生，王亚平，2010.国有股权、公司业绩与投资行为[J].金融研究

（12）：115-130.

张敏，张胜，王成方，2010.政治关联与信贷资源配置效率：来自我国民营上市公司的经验证据[J].管理世界（11）：143-153.

张宁，才国伟，2021.国有资本投资运营公司双向治理路径研究：基于沪深两地治理实践的探索性扎根理论分析[J].管理世界（1）：108-127.

张铁铸，沙曼，2014.管理层能力、权力与在职消费研究[J].南开管理评论（5）：63-72.

张先治，蒋美华，2008.国有企业改制中的政府审计问题研究[J].财经问题研究（3）：82-87.

张晓文，白二平，1998.对国有企业高负债的分析[J].中国工业经济（10）：58-60.

张修平，李昕宇，卢闯，等，2020.资产质量影响企业权益资本成本吗？[J].会计研究（2）：43-59.

张玉喜，赵丽丽，2015.政府支持和金融发展、社会资本与科技创新企业融资效率[J].科研管理，36（11）：55-63.

赵纯祥，张敦力，2013.市场竞争视角下的管理者权力和企业投资关系研究[J].会计研究（10）：67-74.

赵峰，张甜甜，马光明，2021.金融衍生品监管法律与海外企业融资效率：基于中国金融衍生品监管指数的实证分析[J].世界经济研究（2）：77-8.

赵世勇，陈其广，2007.产权改革模式与企业技术效率：基于中国制造业改制企业数据的实证研究[J].经济研究（11）：71-81.

赵兴楣，王华，2011.政府控制、制度背景与资本结构动态调整[J].会计研究（3）：34-40.

郑曼妮，黎文靖，柳建华，2018.利率市场化与过度负债企业降杠杆：资本结构动态调整视角[J].世界经济（8）：149-170.

钟海燕，冉茂盛，文守逊，2010.政府干预、内部人控制与公司投资[J].管理世界（7）：98-108.

钟宁桦，刘志阔，何嘉鑫，2016.我国企业债务的结构性问题[J].经济研究

（7）：102-117.

周嘉南，雷霆，2014.股权激励影响上市公司权益资本成本了吗？ [J].管理评论，26（3）：39-52.

周业安，程栩，郭杰，2012.高管背景特征与资本结构动态调整：国际比较与中国经验[J].经济理论与经济管理（11）：11-22.

祝继高，叶康涛，陆正飞，2015.谁是更积极的监督者：非控股股东董事还是独立董事？ [J].经济研究（9）：170-184.

邹辉霞，刘义，2015.融资效率、产权性质与研发投入[J].现代财经（天津财经大学学报）（2）：3-12.

ADAMS R B, ALMEIDA H, FERREIRA D, 2005. Powerful CEOs and their impact on corporate performance[J]. Review of Financial Studies, 18（4）: 1403-1432.

ANDERSON A C, MANSI S A, REEB D M, 2004. Board characteristics, accounting report integrity, and the cost of debt[J]. Journal of Accounting and Economics, 37: 315-342.

AUDRETSCH D B, 2018. Industrial organization and the organization of industries: linking industry structure to economic performance[J]. Review of Industrial Organization, 52（1）: 1-18.

BANERJEE H, HESHMATI A, WIHLBORG C, 2000. The dynamics of capital structure[J]. Working Paper, Stockolm School of Economics.

BEBCHUK L A, FRIED J M, WALKER D I, 2002. Managerial power and rent extraction in the design of executive compensation[J]. University of Chicago Law Review, 69（3）: 599-601.

BEBCHUK L A, FRIED J, 2005. Pay without performance: the unfulfilled promise of executive compensation[J]. Harvard Business Review, 83（3）: 28.

BECK T, LEVINE R, LEVKOV A, 2010. Big bad banks? The winners and losers from bank deregulation in the United States[J]. Journal of Finance, 65（5）:

1637-1667.

BHOJRAJ S, SENGUPTA P, 2003. Effects of corporate governance on bond ratings and yields: The role of institutional investors and outside directors[J]. Journal of Business, 76(3): 455-476.

BOROKHOVICH K A, PARRINO R, TRAPANI T, 1996. Outside directors and CEO selection[J]. The Journal of Financial and Quantitative Analysis, 31(3): 337-355.

BOTOSAN C, 1997. Disclosure level and the cost of equity capital[J]. Accounting Review, 72: 323-349.

BOTOSAN C, PLUMLEE M, 2002. Are-examination of disclosure level and the expected cost of equity capital[J]. Journal of Accounting Research, 40: 21-40.

BRANDT L, Li H, 2003. Bank discrimination in transition economics: ideology, information, or incentives? [J]. Journal of Comparative Economics, 31(3): 387-413.

BYOUN S, 2008. How and when do firms adjust their capital structures toward targets? [J]. The Journal of Finance, 63(6): 3069-3096.

CHEN G M, FIRTH X Y, XU L, 2008. Control transfers, privatization, and corporate performance: efficiency gains in China's listed companies[J]. Journal of Financial and Quantitative Analysis, 43(1): 161-190.

CHEN J J, LIU X, LI W, 2010. The effect of insider control and global benchmarks on Chinese executive compensation[J]. Corporate Governance: An International Review, 18(2): 107-123.

CHEN K C W, CHEN Z H, John W K C J, 2003. Disclosure, corporate governance, and the cost of equity capital: evidence from Asia's emerging markets[J]. SSRN Electronic Journal.

CHEN X, LEE J, LI J, 2008. Government assisted earnings management in China[J]. Journal of Accounting and Public Policy, 27(3): 262-274.

CLEMENTI G L, HOPENHAYN H A, 2006. A theory of financing constraints and firm dynamics[J]. Quarterly Journal of Economics, 121(1): 229-265.

DENIS D J, MCKEON S B, 2012. Debt financing and financial flexibility evidence from proactive leverage increases[J]. The Review of Financial Studies, 25(6): 1897-1929.

DEWENTER K L, MALATESTA P H, 2001. State-owned and privately owned firms: An empirical analysis of profitability, leverage, and labor intensity[J]. The American Economic Review, 91(1): 320-334.

DJANKOV S, GLAESER E, LA PORTA R, et al, 2003. The new comparative economics[J]. Journal of Comparative Economics, 31(6): 595 -619.

DJANKOV S, MURRELL P, 2002. Enterprise restructuring in transition: a quantitative survey[J]. Journal of Economic Literature, 40(3): 739-792.

DONG Y, LIU Z T, SHEN Z, 2014. Political patronage and capital structure in China[J]. Emerging Market Finance and Trade, 50(3): 102-125.

DROBETZ W, WANZENRIED G, 2006. What determines the speed of adjustment to the target capital structure? [J]. Applied Financial Economics, 16(13): 941-958.

EASTON P D, 2004. PE ratios, PEG ratios, estimating the implied expected rate of return on equity capital[J]. Accounting Review, 79(1): 73-95.

EISENHARDT K M, 1989. Agency theory: An assessment and review[J]. Academy of Management Review, 14(1): 57-74.

FACCIO M, 2006. Politically connected firms[J]. The American Economic Review, 96(1): 369-386.

FAN J P H, WONG T J, ZHANG T, 2013. Institutions and organizational structure: The case of state-owned corporate pyramids[J]. The Journal of Law Economics & Organization, 29(6): 1217-1252.

FAULKENDER M, FLANNERY M J, HANKINS K W, et al, 2012. Cash flows and leverage adjustments[J]. Journal of Financial Economics, 103: 632-646.

FAZZARI S, HUBBARD R G, PETERSEN B C, 1988. Financing constraints and corporate investment[J]. Brookings Papers on Economic Activity, 1(1): 141-195.

FINKELSTIN S, 1992. Power in top management teams: Dimensions, measurement and validation[J]. The Academy of Management Journal, 35(3): 505-538.

FLANNERY M J, RANGAN K P, 2006. Partial adjustment toward target capital structures[J]. Journal of Financial Economics, 79(3): 469-506.

GAN J, GUO Y, XU C, 2018. Decentralized privatization and change of control rights in China[J]. Review of Financial Studies, 31(10): 3854-3894.

GEBHARDT W R, LEE C M, SWAMINATHAN B, 2001. Toward an implied cost of capital[J]. Journal of Accounting Research, 39(1): 135-176.

GIANNETTI M, 2003. Do better institutions mitigate agency problems? Evidence from corporate finance choices[J]. The Journal of Financial and Quantitative Analysis, 38(1): 185-212.

GORDON J R, GORDON M J, 2006. The finite horizon expected return model[J]. Financial Analysts Journal, 53(3): 52-61.

GRAHAM J, HARVEY C, 2001. The theory and practice of corporate finance: Evidence from the field[J]. Journal of Financial Economics, 60(2-3): 187-243.

GROVES T, HONG Y, MCMILLAN J, et al, 1994. Autonomy and incentives in Chinese state enterprises[J]. Quarterly Journal of Economics, 109(1): 183-209.

HACKBARTH D, MIAO J J, MORELLEC E, 2006. Capital structure, credit risk, and macroeconomic conditions[J]. Journal of Financial Economics, 82(3): 519-550.

HIMMELBERG P C, HUBBARD G R, LOVE I, 2002. Investor protection, ownership, and the cost of capital[M]. Working paper, Columbia University.

HOLMSTROM B, COSTA J R, 1986. Managerial incentives and capital management[J]. The Quarterly Journal of Economics, 101 (4): 835-860.

HOVAKIMIAN A, OPLER T, TITMAN S, 2001. The debt-equity choice[J]. The Journal of Financial and Quantitative Analysis, 36 (1): 1-24.

HOWELL J, 2003. Governance in China[M]. China Journal.

HOYNES H, PAGE M, STEVENS A H, 2011. Can targeted transfers improve birth outcomes？ Evidence from the introduction of the WIC program[J]. Journal of Public Economics, 95 (7-8): 813-827.

JENSEN M C, MECKING W H, 1976. Theory of firm-managerial behavior, agency costs and ownership structure[J]. Journal of Financial Economics, 3 (4): 305-360.

JENSEN T K, PLUMLEE M A, 2020. Measuring news in management range forecasts[J]. Contemporary Accounting Research, 37 (3): 152-170.

KHURANA I K, RAMAN K K, 2004. Litigation risk and the financial reporting credibility of big 4 versus non-big 4 auditors: Evidence from Anglo-American countries[J]. The Accounting Review, 79 (2): 473-496.

KHWAJA A I, MIAN A, 2005. Do lenders favor politically connected firms？ Rent provision in an emerging financial market[J]. The Quarterly Journal of Economics, 120 (4): 1371-1411.

KRAUS A, LITZENBERGER R, 1973. A state-preference model of optimal financial leverage[J]. Journal of Finance, 28 (4): 911-922.

LAZEAR E P, ROSEN S, 1979. Rank-order tournaments as optimum labor contracts[J]. Journal of Political Economy, 89: 841-864.

LI K, YUE H, ZHAO L, 2009. Ownership, institutions, and capital structure: evidence from China[J]. Journal of Comparative Economics, 37 (3): 471-490.

LI W, 1997. The impact of economic reform on the performance of Chinese state enterprises, 1980–1989[J]. Journal of Political Economy, 105（5）: 1080-1106.

LIAO L, LIU B, WANG H, 2014. China's secondary privatization: Perspectives from the split-share structure reform[J]. Journal of Financial Economics, 113（3）: 500-518.

LIN J Y, CAI F, LI Z, 1998. Competition, policy burdens, and state-owned enterprise reform[J]. The American Economic Review, 88（2）: 422-427.

LÒÒF H, 2004. Dynamic optimal capital structure and technical change[J]. Structural Change and Economic Dynamics, 15（4）: 449-468.

MEGGINSON W L, NASH R C, RANDENBORGH M V, 1994. The financial and operating performance of newly privatized firms: An international empirical analysis[J]. The Journal of Finance, 49（2）: 403-452.

MOSER P, VOENA A, 2012. Compulsory licensing, evidence from the trading with the enemy act[J]. American Economic Review, 102（1）: 396-427.

NARAYANAN M P, 1988. Debt versus equity under asymmetric information[J]. Journal of Financial and Quantitative Analysis, 23（1）: 39-51.

NGUYEN N H, PHAN H V, LEE E, 2020. Shareholder litigation rights and capital structure decisions[J]. Journal of Corporate Finance, 62: 101-601.

OHLSON J A, JUETTNER-NAUROTH, B E, 2005. Expected EPS and EPS growth as determinants of value[J]. Review of Accounting Studies, 10（9）: 349-365.

ÖZTEKIN Ö, FLANNERY M J, 2012. Institutional determinants of capital structure adjustment speeds[J]. Journal of Financial Economics, 103（1）: 88-112.

QIAN Y, 1996. Enterprise reform in China: Agency problems and political control[J]. Economics of Transition, 4（2）: 427-447.

QIAN Y, 1998. Government control in corporate governance as a transitional institution: Lessons from China[J]. Working Paper, Stanford University.

QIAN Y, TIAN Y, WIRJANTO T S, 2009. Do Chinese publicly listed companies adjust their capital structure toward a target level? [J]. China Economic Review, 20（4）: 662-676.

RAJAN R G, ZINGALES L, 2003. The great reversals: The politics of financial development in the 20th century[J]. Journal of Financial Economics, 69（1）: 5-50.

RHODES A W, 1996. The new governance: Governing without government[J]. Political Studies, 44（4）: 652-667.

ROSS S A, 1973. The economic theory of agency: The principal's problem[J]. American Economic Review, 63（2）: 134-139.

SAPIENZA P, 2004. The effects of government ownership on bank lending[J]. Journal of Financial Economics, 72（2）: 357-384.

SENGUPTA P, 1998. Corporate disclosure quality and the cost of debt[J]. Accounting Review, 73（4）: 459-474.

SHLEIFER A, VISHNY R W, 1993. Corruption[J]. Quarterly Journal of Economics, 108（3）: 599-617.

SHLEIFER A, VISHNY R W, 1989. Management entrenchment: The case of manger-specific investments[J]. Journal of Financial Economics, 25（1）: 123-139.

SHLEIFER A, VISHNY R W, 1994. Politicians and firms[J]. The Quarterly Journal of Economics, 109（4）: 995-1025.

STEEN E V D, 2010. Disagreement and the allocation of control[J]. Journal of Law Economics & Organization, 26（2）: 385-426.

STOKER G, 2010. Governance as theory: five propositions[J]. International Social Science Journal, 50（155）: 17-28.

SUN Q, TONG W H, 2003. China share issue privatization: The extent of its success[J]. Journal of Financial Economics, 70（2）: 183-222.

TOPALOVA P, 2010. Factor immobility and regional impacts of trade liberalization: Evidence on poverty from India[J]. American Economic Journal: Applied Economics, 2: 1-41.

WONG T J, 2016. Corporate governance research on listed firms in china: Institutions, governance and accountability[J]. Foundations and Trends in Accounting, 9(4): 259-326.

XIN K K, PEARCE J L, 1996. Guanxi: Connections as substitutes for formal institutional support[J]. The Academy of Management Journal, 39(6): 1641-1658.

YERMACK D, 2006. Flights of fancy: Corporate jets, CEO perquisites, and inferior shareholder returns[J]. Journal of Financial Economics, 80(1): 211-242.

ZHANG W, 1997. Decision rights, residual claim and performance: A theory of how the Chinese state enterprise reform works[J]. China Economic Review, 8(1): 67-82.